CRIANDO FILHOS
LIDERANDO EQUIPES

Ana Paula Puga

CRIANDO FILHOS LIDERANDO EQUIPES

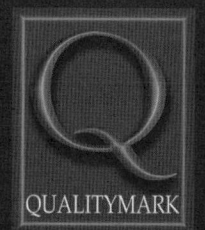

Prefácio
Eduardo Carmello

QUALITYMARK

Copyright© 2015 by Ana Paula Puga

Todos os direitos desta edição reservados à Qualitymark Editora Ltda.
É proibida a duplicação ou reprodução deste volume, ou parte do mesmo, sob qualquer meio, sem autorização expressa da Editora.

Direção Editorial	Produção Editorial
SAIDUL RAHMAN MAHOMED editor@qualitymark.com.br	**EQUIPE QUALITYMARK**

Capa	Editoração Eletrônica
EQUIPE QUALITYMARK	**PS DESIGNER**

CIP-Brasil. Catalogação-na-fonte
Sindicato Nacional dos Editores de Livros, RJ

P977c

    Puga, Ana Paula
    Criando filhos, liderando equipes / Ana Paula Puga. – 1. ed. – Rio de Janeiro : Qualitymark Editora, 2015.
    128 p. : il. ; 21 cm.

    Inclui bibliografia
    ISBN 978-85-414-0204-0

    1. Liderança. 2. Motivação (Psicologia). 3. Sucesso. I. Título.

15-24439   CDD: 658.4092
                                                                        CDU: 005.322:316.46

2015
IMPRESSO NO BRASIL

Qualitymark Editora Ltda.	QualityPhone: 0800-0263311
Rua Teixeira Júnior, 441 – São Cristóvão	www.qualitymark.com.br
20921-405 – Rio de Janeiro – RJ	E-mail: quality@qualitymark.com.br
Tel.: (21) 3295-9800	Fax: (21) 3295-9824

Breves histórias, grandes experiências, eternas lições!

Bom demais para ficar só dentro da minha casa e da minha cabeça!

Prefácio

«««   »»»

O livro de Ana Paula Puga, **Criando Filhos, Liderando Equipes**, é uma semente de sabedoria.

Consegue integrar duas Artes muito complexas: a arte de educar filhos e a arte de liderar pessoas.

Essencial para todos os pais e líderes, principalmente para aqueles que estão começando em qualquer um desses papéis.

Um presente muito especial, com informações preciosas que farão você se sentir mais seguro e confiante em sua atuação.

Ana Paula Puga tem uma capacidade ímpar para estabelecer relações entre esses dois mundos, conseguindo estruturar um conhecimento altamente valoroso, condensando-o nas próximas 25 histórias que foram desenvolvidas com muito cuidado e carinho.

Há muitas semelhanças entre educar filhos e liderar pessoas e os temas são muito próximos e presentes entre si. Comunicação, Reconhecimento, Delegação. Paciência, Planejamento, Aprendizagem, Liderança, Educação pelo exemplo, Inspiração e muitos outros.

Por exemplo: o que fazemos com o nosso filhote quando ele não quer dormir e chora sem parar? O que fazemos com os membros da equipe quando estão desengajados e não realizam suas metas?

Mesmo depois de deixar as regras bem claras, eles ainda vão deixar de cumpri-las. Que dicas você pode conseguir para superar esse obstáculo?

Você explicou 20 vezes sobre a importância de um Valor e no dia seguinte eles fazem exatamente o oposto.

Como disse Jr. Teage, "Nada é tão simples que não possa ser mal-entendido".

Criando Filhos, Liderando Equipes lhe ajudará a refletir e compreender essas e tantas outras questões, numa jornada instigante e prazerosa de conexões entre esses dois mundos, através do *Storytelling*.

São relatadas inúmeras experiências do dia a dia, onde você se identifica, reflete e aprende a lidar melhor com todos os desafios que lhe são apresentados.

Uma das histórias que me ajudou muito foi "Calma, Paciência e Ponderação".

Conseguir pensar antes e agir com calma é uma virtude que resolve – ou pelo menos harmoniza – milhões de problemas que temos em casa e no trabalho.

Como dizem por aí, "quem perde a razão não tem razão". Acredito que nesse tema haja um aprendizado contínuo, mesmo que você se considere um mestre no assunto.

Sei que vai adorar "Reconhecer, Respeitar, Repensar: Os Três R's do Relacionamento Interpessoal".

A prudência em compreender suas virtudes e limitações, assim como o respeito pelo espaço, tempo e valores de cada um de seus filhos ou de sua equipe.

A capacidade para repensar ideias e atitudes, proporcionando uma transformação positiva no ambiente e nas relações entre os entes queridos.

Eis aqui uma semente de sabedoria.

A missão de conseguir cuidar, orientar e desenvolver aqueles que de alguma forma, durante certo período, precisam de nós para conseguir evoluir e realizar suas tarefas com autonomia. Até o momento em que nos tornemos desnecessários e eles possam seguir livres e confiantes em seu próprio caminho.

Eduardo Carmello
Diretor da Entheusiasmos Consultoria
em Talentos Humanos

Sumário

«««   »»»

Prefácio VII

Como Assim Criar Filhos e Liderar Equipes? 1

Virando Pais e Líderes 5

Delegando 9

Delegando II – "Quando Tive que me Ausentar" 13

Feedback *17*

Calma, Paciência, Ponderação 21

Planejando 2011 25

Reconhecimento – O Poder dos Fogos de Artifício 29

Aprendendo a Ensinar 33

Filmes – Infantis – para Treinamento 37

Dez Coisas que Tiram o Sono de Pais e Líderes 41

Pais e Profissionais Globalizados 45

Mulheres Globalizadas 49

"Papai, Você Vai Voltar?" Uma História para Pais
e Líderes que Temem se Ausentar 53

Inspiração – A Essência da Liderança 59

"Mamãe, Achei a Letra A" – Conhecimento,
Habilidade, Atitude 63

Meu "Bracinho Direito" – Todo Mundo Tem um Potencial 67

Não Dê Ordens, Dê Exemplos 71

A Cigarra, a Formiga, o Pai e o Líder 75

Administrando Conflitos – Ciúmes 79

Pais e Líderes e Seu Lugar no Mundo de "Hoje" 85

Reconhecer, Respeitar, Repensar – Os Três R's
do Relacionamento Interpessoal 89

Oração dos Pais e Líderes 93

Não Dê Ordens, Dê Exemplos II! Vendo a Multiplicação
dos Bons Comportamentos 97

O Remédio é Paciência – Sem Nenhuma Contraindicação 101

Seus Filhos e Funcionários Precisam Ser Ouvidos,
Sabia? Você os OUVE? 107

Como Assim Criar Filhos e Liderar Equipes?

«««   »»»

Nestes meus bem vividos 34 anos – rs, dediquei até agora os últimos 14 à carreira na área de RH, passando por algumas empresas, de diferentes segmentos.

Daí se vê de tudo!

Procurei sempre estudar, participar de grupos de profissionais da área, trocar ideias com amigos e mestres experientes, ler bastante, ir a congressos, enfim... Sempre pensei que meu desenvolvimento profissional dependia do meu interesse em ser melhor (e diferente) a cada dia. E modéstia à parte, consegui!

Na parte pessoal, meus seis últimos anos foram dedicados aos meus filhos Mateus, com seis anos, e Maria Vitória, com quatro anos.

Eis que, inesperadamente, passei a notar semelhanças entre o papel de educadora dos filhos e líder de pessoas em uma equipe.

É claro que cada papel tem suas peculiaridades, mas há mais semelhanças entre eles do que eu podia imaginar, até ter passado por ambos, sendo o mais recente no papel de mãe.

A necessidade de uma comunicação clara, a importância da confiança, os modelos que seguimos ao desempenhar ambos os papéis, a adequação da nossa postura frente a cada filho / membro da equipe, a obediência às regras etc. etc. etc.

Quando "virei" líder enfrentei algumas dificuldades, assim como em qualquer nova situação. Quando "virei" mãe também. Mas as dificuldades nunca terminam, elas podem diminuir e se modificar, de acordo com o momento.

A família sofre influências externas, assim como uma equipe de trabalho.

Como pais não podemos, nem devemos, desistir de nossos filhos, senão estaremos fadados a perder todo o controle sobre eles. E se nós, pais e mães, perdermos esse controle, alguém vai tomar... e isso pode não ser bom. Então, precisamos aprender a educar melhor nossos filhos, nem que isso exija uma autorreeducação de nossa parte.

Pois bem, na vida profissional é igual. Não se deve apenas usar crachá de líder, tem de ser um líder de fato, e isso inclui não desistir de sua equipe. E também educar-se e reeducar-se quantas vezes forem necessárias para a coisa não "degringolar"!

Na última empresa onde trabalhei, curiosamente chamávamos os membros das equipes de filhos, e cada líder de pai ou mãe! E a coisa pegou. A relação entre todos era tão leve, parecia tão simples resolver os conflitos quando eles apareciam, era tão prazeroso encontrar aquelas pessoas todos os dias, o clima era de fato fraterno. Como, para mim, devem ser as relações entre os membros de uma família e, por que não, entre os membros de uma equipe e uma empresa.

As histórias a seguir são todas reais, registros feitos em tempo real – conforme aconteciam, eu as registrava – tendo se passado quatro anos, quando do "nascimento" deste meu interesse pelo tema e descoberta desta possibilidade em articular situações de trabalho com as da vida pessoal. Por isso, ao ler, você terá a sensação de que estão no tempo presente, porque de fato estão... de certa maneira sempre estarão!

Virando Pais
e Líderes

«««   »»»

"Parabéns, você será papai, você será mamãe!"

Os meses passam rapidamente depois dessa notícia, e quando você percebe já está com o bebê no colo. E agora? Você dormiu filho e acordou pai (ou mãe). Vale a velha máxima: filho não vem com manual de instruções.

Dia a dia você aprende a conhecer aquele ser, e ele a te reconhecer como pai (ou mãe).

Mas você não faz isso sozinho, tem sempre uma ajuda, seja a de um médico, da avó, de amigas experientes e até de livros ou sites especializados.

Muito bem, assim você vai se aperfeiçoando, e isso vale para cada filho que vier depois!

Virar pai ou mãe traz um misto de sentimentos: alegria, medo, abdicação, doação, completude, orgulho...

É um crescimento contínuo nesse novo papel, em que cada sorriso, cada nova palavra e cada passo do andar cambaleante faz valer a pena a dedicação que você atribui a ele! Uma sensação de dever cumprido.

E assim acontece na vida profissional: você dorme funcionário e acorda líder!

Um belo dia chegam a você e te dão a notícia de que está sendo promovido e passará a liderar aqueles que até então eram seus pares.

Buscar ajuda para se desenvolver enquanto líder pode fazer toda a diferença. Como pais, os primeiros a quem recorremos são os médicos ou nossos próprios pais. Eu ainda não conheci a especialidade médica "liderologia". Quanto aos nossos pais, bem, estes podem até nos aconselhar (e até acalentar), mas não será suficiente.

Coaching, treinamentos, cursos, especializações e grupos de estudo são coisas em que vale a pena investir para seu desenvolvimento nesse novo papel.

Papel este que, quando "ganho", também traz consigo uma série de sentimentos: insegurança ao trocar o "certo pelo duvidoso", medo da aceitação, abdicação de seu tempo pessoal, orgulho, ganho financeiro...

Mas com certeza, a sua dedicação verdadeira como líder trará muitos e muitos resultados positivos: metas alcançadas, prazos cumpridos, projetos iniciados e concluídos, bônus, reconhecimento!

Ah, essa é a palavra: RECONHECIMENTO. Seremos eternamente reconhecidos pela forma como criamos nossos filhos e lideramos nossas equipes!

Portanto, faça sempre o melhor, por eles e por você!

Delegando

«««   »»»

Você já se pegou resistente frente à necessidade de delegar tarefas?

Pois bem, eu já! E isso não acontece só no trabalho, mas em casa também.

Vejam só: há alguns dias notei algo diferente no corpinho do Mateus, meu mais velho. No dia seguinte, levei-o ao médico que deu o diagnóstico e disse que necessitaria de uma intervenção cirúrgica. Consultamos o cirurgião pediatra indicado por ele para confirmar o diagnóstico e, em caso positivo, dar andamento ao processo pré-cirúrgico até a cirurgia propriamente dita.

Como toda cirurgia, por mais simples que seja, esta do Mateus exigirá cuidados pós-operatórios. Sem contar que ele tem apenas dois anos, portanto ainda é pequenino e poderá ficar mais manhoso e apegado a mim - a mãe.

Ocorre que minha caçula, a Maria Vitória, está com cinco meses e ainda a estou amamentando. Logo, também exige muito da minha atenção e do meu tempo.

Surge então a culpa de não abandonar o mais velho, diante dessa situação, mas também de estar à "disposição" da caçula quando ela solicitar.

O pai, o "lado prático" da família, vem com a brilhante ideia: "Vamos contratar uma babá e, durante esse período, ela te ajuda no cuidado das crianças, principalmente com a Maria Vitória, para que você possa estar mais ao lado do Mateus".

A princípio parece ótimo, uma ajuda e tanto. Mas... pensando bem... Eu, uma mãe tão zelosa, que dedicou seus últimos dois anos única e exclusivamente à criação de seus filhos preciosos, que os entende apenas com um olhar, que sabe como acalmá-los, fazê-los dormir, discipliná-los, serem educados... Vou agora entregá-los, mesmo que por pouco tempo (e comigo junto), aos cuidados de outra pessoa? Oh não!!!

Então ok, posso decidir não contratá-la e pagar para ver como será! Pagar para ver, será? Eis o dilema!

Na vida profissional, deparamo-nos "n" vezes com situações como esta. Você começa a ter tarefas atrás de tarefas, começa a sair depois do horário para dar conta, leva trabalho para casa, chega mais cedo, deixa de almoçar, sua cabeça não para de pensar na pilha de coisas a entregar no dia seguinte, você é convocado para reuniões e deixa de ir, ou vai, mas não presta nem atenção ao que está sendo dito porque os prazos estão estourando e você não fez o que prometera fazer para seus clientes. Sua caixa de entrada de e-mails começa a lotar porque você não dá conta de ler tudo, ou lê, mas não responde. Deixa inclusive de acompanhar o andamento e a produtividade de sua equipe. O máximo de palavras que troca com eles é bom-dia e até amanhã, quando eles chegam e saem, porque você ficará até sabe Deus que horas, porque ninguém além de você é suficientemente competente para fazer algumas das tantas e tantas tarefas que são suas!

Delegar não significa deletar! Mas comece a pensar da seguinte forma:

Delegar e acompanhar!

Você como líder pode, e deve, dividir tarefas com sua equipe, atribuir responsabilidades, acompanhá-los durante a execução, estar disponível quando precisarem de ajuda e orientação, estipular metas e pedir resultados! É certo que algumas coisas só poderão ser feitas por você, mas outras não necessariamente. Para algumas pessoas não é um exercício fácil, mas é necessário! No início da minha carreira aprendi que quem faz tudo não faz nada. Hoje compreendo o que tentavam me dizer. Não é a quantidade de serviços que determinará que você é um profissional exemplar, mas sim a qualidade!

Portanto, meu amigo, vamos deixar de ser centralizadores e passemos a distribuir tarefas. É isso que faz de você um líder: dar um "norte" para sua equipe e acompanhar seu trabalho. O resultado pode ser surpreendente!

Delegando II – "Quando Tive que me Ausentar"

《《《   》》》

*L*embro-me bem do primeiro banho do meu mais velho dado por outra pessoa, no caso, meu esposo – o pai!

Aconteceu quando o Mateus tinha entre dois e três meses. Até então, ninguém, a não ser eu mesma, havia cuidado de sua higiene, incluindo o banho!

Foi um dia em que decidi dormir, mas dormir de verdade. Aquele sono que você acorda quando quer. Quem tem filhos recém-nascidos, e ainda por cima sendo pais de primeira viagem, entende bem o quanto isso faz falta.

A certa altura do meu merecido descanso, eis que ouço barulhos no banheiro do pequeno. Conseguia identificar cada som: o suporte da banheira sendo montado, a banheira sendo colocada sobre ele, o chuveiro sendo aberto, a água sendo misturada, o i-pod sendo ligado (era hábito colocarmos música na hora do banho do Mateusinho) e uma voz masculina conversando num tom muito afetivo.

Foi então que me dei conta e pensei comigo mesma: "ele vai dar banho no Mateus!".

Nesse momento, um misto de pensamentos passou pela minha cabeça: pensava se ele havia aquecido o quarto, fechado as janelas, deixado a roupinha, toalha e fralda preparadas, se iria enxugar todas as dobrinhas, limpar com cuidado as orelhinhas...

Não conseguia mais dormir com o misto de sensações que tomava conta de mim: ansiedade, desespero, curiosidade e até certa alegria.

Ansiedade por ver logo o término daquele banho e perceber que meu bebê continuava bem depois de ter tomado banho com uma pessoa que não tivesse sido comigo – a mãe! Desespero ao imaginar ele engolindo água, porque o pai com certeza esqueceria a cabecinha dentro da banheira quando fosse lavar seu bumbum. Curiosidade por levantar e ver aquele feito, em acompanhar aquele momento que com certeza estava sendo especial para o pai e poder ouvir dele como foi cuidar do bebê. E alegria por perceber que eu tinha de fato um parceiro, que assumiria o "barco" sempre que preciso fosse.

Mas, diante de todos esses pensamentos e sensações, mantive-me ali, paradinha, sem intervir um só momento. Sabia que se fizesse isso poderia inibir a iniciativa do pai, e que se eu aprendi a cuidar do meu filho, ele também aprenderia! Durante todo esse tempo ele esteve observando como eu fazia, era hora de pôr em prática!

E não é que deu certo. Depois ele até confessou que realmente o Mateus bebeu um pouquinho de água com sabão. Não perdeu a piada e disse: "assim lavou por dentro também!". Pois é... No final rimos juntos e percebemos o quão importante havia sido essa experiência.

Quantas vezes os líderes precisam se ausentar devido a imprevistos e ficam remoendo-se durante todo o tempo fora da empresa por pensar como é que as coisas estarão andando sem ele.

Ficar fora para alguns é algo praticamente impossível, não se permitem nem mesmo uma ida ao médico. E quando o fazem, não contêm o impulso de ligar de hora em hora para saber se está tudo bem. Ah, e tem mais, se respondem que sim, que está tudo bem, alguns com certeza vão duvidar. Como é possível que as coisas estejam bem se eu não estou lá?

"Será que se lembraram de passar aqueles e-mails periódicos; será que estão anotando todos os recados; como será que estão deixando as pastas no meu armário; será que passaram os comprovantes de pagamento do curso dos diretores para eles não perderem a vaga; será que já lembraram as pessoas sobre o treinamento de amanhã, confirmaram o *coffee*, já deixaram as listas de presença impressas e os certificados prontos para o palestrante assinar? Nossa, o palestrante! Será que ligaram para ele, verificaram se está tudo certo para o treinamento, se ele recebeu o mapa do local, se virá de carro, se pegaram o número da placa e passaram para o estacionamento? E o material, será que receberam o e-mail com o material anexo para reprodução, fizeram as cópias necessárias e grampearam da melhor forma para facilitar no momento do manuseio? E a sala, será que já confirmaram se há cadeiras suficientes e as colocaram em formato de "U", checaram se os equipamentos de projeção estão funcionando e o som está ok?"

Pois é, nesse momento você precisa acreditar que tudo que ensinou e demonstrou para seus funcionários será posto em prática de maneira eficaz!

Assim como você já teve que assumir novas tarefas, chega o dia em que isso acontecerá com os membros de sua equipe. Nessa hora, contenha o desejo de ficar ligando o tempo todo. Você pode até ligar para saber como vão as coisas e se colocar à disposição para que te procurem se for preciso. Mas deixe sua equipe trabalhar! Aposte que dará certo. E se algo não der, use essa oportunidade para ensinar, apontando o porquê e o que deveria ter sido feito.

No final, reúna todos para compartilhar e ouça deles como foi a experiência. Ah, e elogie-os pelo resultado positivo e por perceber que há pessoas em quem você pode confiar e para quem você pode delegar!

Feedback

«««   »»»

Eles chegam a casa, trazidos em nossos braços da maternidade, tão indefesos.

Tudo o que mais queremos é vê-los crescer, falar e andar. E ficamos ansiosos pensando: "Como será que ele vai ser quando crescer?".

Então, os nossos adoráveis bebezinhos crescem e, aos poucos, vão ficando menos indefesos.

E de repente... a primeira birra, a primeira arte, a primeira indisciplina.

Você disse para ele não mexer, mas ele mexeu. Você o tirou de lá, e ele esperneou, gritou e atirou-se no chão. Pronto, nesse momento impulsivamente você diz: "Que teimoso, feio!".

E assim ele vai recebendo um monte de outros predicativos: "Ele não anda porque é preguiçoso", "Nossa! Que menino manhoso, chorão", "Deixa de ser desobediente", "É bobo igual o pai". E por aí vai...

Mas pode apostar, atribuir adjetivos ao seu filho não corrigirá sua atitude. Ao contrário, tornará seu comportamento mais resistente diante de suas ordens.

O correto é apontar onde ele está errando, o que fez, como fez, como deveria ser feito e como você espera que ele faça!

Vale até um castigo, algo que o faça refletir sobre sua atitude e pensar antes de fazer novamente.

No mundo organizacional isso tem um nome – *FEEDBACK*!

Quando um funcionário desobedece a alguma política ou norma interna, faz-se necessário apontar tal comportamento com o intuito de eliminá-lo, para a continuidade das atividades normais. Por exemplo: se esse funcionário começa a chegar atrasado, sem comunicação prévia, sem explicação posterior e sem motivo aparente, é preciso chamar sua atenção.

Não chamar a atenção permitirá a reincidência desse comportamento, e até digamos "contagio", entre os demais membros da equipe.

Para chamar a atenção desse funcionário sobre o descumprimento da norma, lembre-se de como devemos corrigir um filho. Não aponte o dedo para ele dizendo coisas do tipo: "Preguiçoso, irresponsável".

Pratique o *feedback* como deve ser: falando do comportamento, da ação que vem sendo praticada e de como deveria ser, visando o cumprimento da norma.

Usando o mesmo exemplo, diga a ele: "Você tem chegado atrasado e isso está prejudicando o andamento das suas atividades diárias bem como da nossa equipe. Cumprir o horário de trabalho faz parte das normas internas".

Ah, vale também uma ação disciplinar (como o castigo do filho) para que ele se comprometa com o acordo feito no *feedback*, objetivando a extinção – a não recorrência – desse comportamento.

Faz parte do *feedback* um acordo entre líder e colaborador, do tipo: "A partir de agora os atrasos deverão ser compensados dentro do mês"; ou ainda, "Você perderá a concessão das 'pontes' nos feriados".

Não cabe ao líder julgar o colaborador.

Procure também saber o motivo pelo qual o funcionário está agindo dessa forma.

Assim como acontece com nossos filhos quando usamos termos pejorativos ou negativos, criticar seu funcionário, falar dele e não da ação dele não é construtivo. Ao contrário, será destrutivo.

Destruirá, aos poucos, a relação de confiança que deve haver entre pais e filhos, entre líder e colaborador. Criará uma resistência à mudança de seu comportamento e trará sentimento de menos valia, de baixa autoestima.

Não precisamos exercer nossa autoridade como pais e profissionais expondo quem quer que seja, rotulando-os ou expondo-os a situações desagradáveis. Filhos precisam ser corrigidos, funcionários também. E nós, pais e líderes, devemos aprender como fazer isso!

Calma, Paciência, Ponderação

«««   »»»

Há dias em que parece que você vai surtar.

Você acordou bem, mas de repente... seu filho resolve desobedecer, desafiar e deixar a casa de pernas para o ar.

Todo o repertório de travessuras entra em cena nesse dia: faz xixi no tapete, come a terra das plantas, bate no irmão mais novo, abre seu pote de creme e espalha por todo o banheiro, vira o copo de suco no sofá, lava as mãos no vaso sanitário... Ah, e tudo isso só na primeira parte do dia. Aí você não aguenta e começa a explodir. E quando explode, eles choram e berram, sem parar!

Pronto! Está instalado o caos.

Para ajudar, o marido chega a casa e o primeiro comentário que faz ao olhar para você é: "Nossa! Que cara!".

E você, com sangue no olho, responde: "cara de quê?". Mas é claro que o "coitado" não tem nem coragem de responder. Ele até tenta puxar uma conversa durante o almoço, mas nada feito, ele não diz nada do que eu gostaria ou precisaria ouvir naquele momento, então... mais explosão!

Pois é, mas isso não deve acontecer na sua casa, não é?

Mas na minha aconteceu. O dia parecia que não teria fim, mas teve. E quando terminou, ao ver todos dormindo, encostei minha cabeça no travesseiro e pensei em tudo o que acontecera. Uma pergunta ficou martelando na minha cabeça: "fiquei estressada porque meus filhos estavam terríveis ou meus filhos ficaram terríveis porque estava estressada?".

No dia seguinte, antes mesmo de colocar os pés no chão, fiz uma promessa para mim mesma: hoje será diferente. E foi!

Ninguém perdeu o controle, nem mãe, nem filhos, nem marido. Não que não tenha havido travessuras ou manhas, mas havia mais calma, paciência e ponderação.

Foi aí que percebi que <u>minha forma de agir contagia a forma de agir das pessoas</u> da minha casa.

Quando estou sem paciência, meus filhos parecem mais impacientes; quando estou mais ríspida, meus filhos parecem mais agressivos; quando dou ordens sem parar, meus filhos parecem me desafiar!

E tem funcionado.

Por acaso, foi um colega oriental com quem trabalhei certa vez que me ensinou isso: Calma, Paciência e Ponderação.

Sempre que nos deparávamos com determinadas situações, ele me lembrava: "Aninha, calma, paciência e ponderação!".

Daí para frente, minha vida profissional seguiu a partir desse ensinamento. Percebia cada vez mais a importância de controlar o impulso de agir de determinadas formas com minhas equipes e também com meus colegas das empresas por onde passei.

Percebia que, como líder, tinha de pensar primeiro no outro. Isso significava ter calma – calma para controlar minhas emoções e permanecer equilibrada para passar segurança para minha equipe e para as pessoas ao meu redor; paciência – para tolerar erros ou fatos indesejados, aceitar que as coisas e, principalmente as pessoas, têm seu próprio tempo e ouvir mais e com menos julgamento; e ponderação – ter sempre equilíbrio e bom senso diante da necessidade de tomar decisões e expressar minhas opiniões.

Como mãe e como líder, percebi que pensar antes de agir e agir com calma, paciência e ponderação é uma virtude e fará bem para todos – para a minha família, para a minha equipe, para a minha empresa e principalmente para mim!

Pense nisso!

Planejando 2011

《《《   》》》

Chegou a hora de pensarmos no próximo ano e começarmos a planejar todas as ações.

Aqui em casa estamos iniciando a fase escolar do Mateus.

A primeira coisa foi conversarmos bastante a respeito sobre se já é tempo de colocá-lo ou não em uma escola. Sim, decidimos que ele deve ir sim!

Ok, então precisávamos pensar sobre qual seria o melhor lugar para ele passar parte de seu dia.

Então fizemos um *checklist* com todos os itens que consideramos importantes para a avaliação das escolas.

Para elaborarmos esse *checklist*, pensamos em características gerais referentes ao local, como segurança, acesso, número de profissionais em sala, limpeza, custos gerais, entre outros.

Mas também levamos em consideração um fator bastante importante: o Mateus, ou melhor, as características comportamentais de nosso filho. Ou seja, o método de ensino e as atividades complementares oferecidas pela escola deveriam ir ao encontro do perfil de nosso filho hoje e do que queremos para ele no futuro.

Pronto, assim tínhamos um ponto de partida para que nossa escolha fosse a mais assertiva possível.

Além de frequentar a escola, também conversamos sobre alguma outra atividade, como, por exemplo, natação.

Não somos pais que pretendemos lotar o dia da criança de atividades, mas queremos proporcionar aos nossos filhos diferentes meios para seu desenvolvimento físico, comportamental e cognitivo.

Os passos seguintes foram as visitas às escolas da região. Depois, os dados do *checklist* foram confrontados para a avaliação e, pronto, a decisão foi tomada.

Já temos o "programa" das atividades do Mateus para 2011!

Com tudo isso, lembrei-me de como essa fase do ano é importante para as empresas e de como às vezes encontramos dificuldades para elaborarmos o plano de ação de nossa área, incluindo aí o plano de desenvolvimento de nossa equipe.

Então, caro líder, vou dar algumas dicas: já conheceu as metas globais de sua organização e o *budget*? Já elaborou os objetivos estratégicos de sua área? Então você já sabe aonde deverá chegar. Agora pense em como fará.

Quais ações serão necessárias e como devem estar as pessoas de sua equipe para que os objetivos estratégicos da sua área e também as metas globais da organização sejam atingidas? Como eles estão hoje, técnica e comportamentalmente? E como é que quer e precisa que estejam para desenvolver com eficácia seus trabalhos?

Com isto em mãos, é hora de elaborar (ou preencher) o levantamento das necessidades de treinamentos de sua equipe. Aí vão mais algumas dicas que poderão lhe ajudar a identificar o curso/treinamento para que essa escolha seja a mais assertiva possível, bem como para o momento da avaliação destes – mensurar os resultados é sempre necessário, não é mesmo?

– Cada treinamento deve estar relacionado à alguma competência e proposta de ação identificadas na avaliação de desempenho que você deve ter realizado ou a algum objetivo estratégico, uma ação específica do objetivo estratégico ou até mesmo a algum indicador de sua área. Ou seja: o treinamento em referência foi identificado a partir da Avaliação de Desempenho ou trata-se de uma competência técnica e/ou comportamental necessária para o alcance de um Objetivo Estratégico?

– Para a avaliação desses cursos/treinamentos, pense no seguinte: se o que você objetivava era o "Aprendizado" (aquisição de um novo conhecimento (saber) e/ou uma nova habilidade – saber fazer), a avaliação poderá ocorrer das seguintes formas:

Através da aplicação de um questionário; após a implantação de um novo projeto ou ferramenta de trabalho; ou ainda através do acompanhamento periódico de um indicador etc.

Se o que você buscava ao indicar tal curso/treinamento para seu(s) colaborador(es) era "Mudança de Comportamento", a avaliação poderá ocorrer das seguintes formas:

Através da aplicação de um questionário; através do acompanhamento periódico de um indicador; ou ainda através de pesquisa de clima ou avaliação de desempenho anuais etc.

Ufa, tudo isso dá certo trabalho, não é?!

Mas eu garanto, quanto maior o tempo dedicado ao planejamento, menor será o tempo gasto com retrabalho!

Além disso, a probabilidade de atingir os objetivos será bem maior, e com isso todos saem ganhando!

Reconhecimento – O Poder dos Fogos de Artifício

«««   »»»

*E*stas festas de final de ano, quando paramos para admirar o show dos fogos de artifício, fizeram com que eu me recordasse de uma história com meu filho.

Certa vez, Mateus brincava com uma garrafinha de água mineral e ficava tentando abri-la e me pedia: "ajude mamãe, ajude". Peguei a garrafinha, abri e fechei, mostrando para ele como se fazia. Dei para ele novamente dizendo: "confia, que você consegue".

Eis que Mateusinho pegou a garrafa e começou a fazer um movimento de rosquear e desrosquear a tampinha. De repente, ele abre a garrafinha e, entusiasmado, corre em minha direção dizendo: "mamãe, mamãe, fogos!".

Isso mesmo, ele me pediu uma queima de fogos de artifícios. Ele conheceu a relação dos fogos com comemorações durante a Copa do Mundo.

Ou seja, ele queria que comemorássemos seu feito, que eu soltasse fogos em reconhecimento ao que ele havia conseguido.

E você, solta fogos quando seu filho conquista algo?

Da mais simples conquista a mais marcante vitória, e até pelas demonstrações de bons comportamentos, nossos filhos merecem fogos de artifício em reconhecimento ao seu esforço, disciplina e comprometimento.

Saibam, eles esperam de nós salvas de palmas, gritos efusivos de parabéns e "*uhu*", beijos e abraços exagerados. Qualquer coisa vale para demonstrarmos aos nossos filhos o quão felizes e orgulhosos somos por eles.

Basta isso para que eles continuem a repetir o feito e sintam-se capazes de novas descobertas.

Incentive seu filho, reconhecendo suas conquistas.

Quando fazemos isso, valorizamos as atitudes positivas e nossos filhos tendem a repeti-las.

A ciência comprova que, tanto para a criança quanto para o adulto, o incentivo é capaz de ativar a região de recompensa do cérebro e liberar dopamina, substância que traz bem-estar.

É o que acontece nas relações de trabalho. Quando o líder elogia seus funcionários, estes se sentem motivados a continuar desempenhando bem suas funções.

Então eu lhe pergunto, caro líder: você anda soltando fogos de artifício para sua equipe?

Se sua resposta foi não, experimente esta forma de recompensa – o reconhecimento!

Aprendendo a Ensinar

«««   »»»

Minha caçula Maria Vitória está batendo palminhas! Uma graça! Vocês precisavam ver! Basta ela ouvir "parabéns a você" ou até um pedido nosso de "bate palmas bate, neném" (nosso ou da Xuxa – rs), e ela já vai bater.

Mas no começo não foi assim.

Foi preciso ensiná-la, e para isso tivemos de <u>demonstrar</u>.

Batíamos palmas para ela cantando "parabéns a você", dizendo "bate palminhas".

E isso, repetidas, incansáveis e maravilhosas vezes. Até a vermos fazer da mesma forma como fazíamos.

Isso mostra que ela está se desenvolvendo e adquirindo novas habilidades.

Com as pessoas em uma organização, isso também acontece.

Quantas vezes ouvimos líderes reclamarem que o funcionário não entende o que ele fala, que sempre faz errado ou diferente do que foi pedido.

E aí começam a dizer que estão cansados daquela pessoa porque ela não entende o que ele pede.

Nessa hora, você deve lembrar-se de quando ensinou seu filho a bater palmas.

Talvez seu funcionário simplesmente precise ser ensinado a fazer o que você está pedindo.

DEMONSTRE!

Mostre como ele deve montar a planilha, elaborar o relatório, atender ao telefone de maneira cordial etc. Explique como, por que e dedique um tempo para mostrar a ele como fazer.

Logo ele fará sozinho, bastando apenas seu pedido. Logo ele estará adquirindo novas habilidades (lembra-se do C<u>H</u>A?).

Líderes têm papel importante nesse desenvolvimento!

Mas assim como com as crianças, você deve ter paciência.

Cada um aprende em seu próprio tempo!

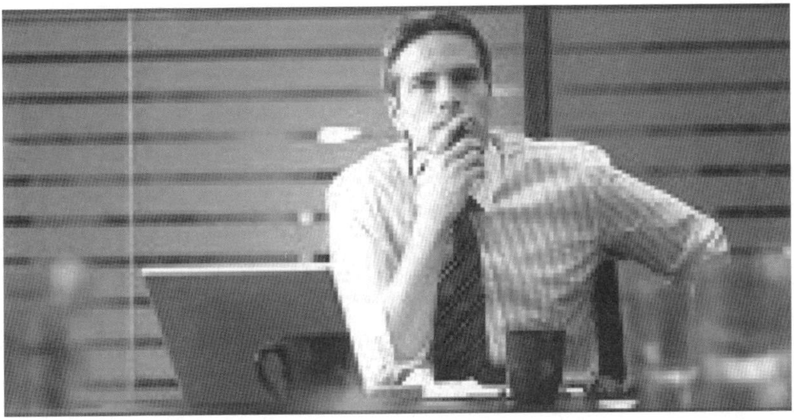

Filmes – Infantis – para Treinamento

«««   »»»

Quero dar aqui a dica de três filmes – infantis – aos quais todos deveriam assistir.

Se você tem filhos, aproveite a oportunidade de estar com eles umas horinhas e assistir juntos. Eles vão adorar ter sua companhia. Já percebeu como é gostoso quando eles sentam ao nosso lado e vão chegando cada vez mais perto até encostarem a cabecinha em nosso braço?

Se você não tem, sem problemas! Assista assim mesmo! Vale até chamar aquele seu sobrinho preferido só para ter a desculpa de assistir a um filme infantil.

A videoteca aqui de casa está repleta desses filmes surpreendentes, que além de nos fazerem rir e até chorar, nos dão doces mensagens para nosso autodesenvolvimento, além de subsídios maravilhosos para treinamentos.

Escolhi três deles (*Mulan*, *Toy Story* e *Como Treinar Seu Dragão*), que pessoalmente me agradam e trazem ricos exemplos de liderança.

Espero que gostem e aproveitem as dicas.

Ah, as palavras em destaque não estão assim à toa. É para mostrar as características que todos os líderes de pessoas devem ter.

Bom filme...

MULAN

"Shang" – o comandante da tropa de Mulan

A música tema deste personagem é "Não desistir de nenhum".

Nela, ele canta sua promessa de <u>mudar, melhorar e treinar</u> cada um de seus soldados. <u>Dá exemplos</u> de disciplina e ordem para eles, mostrando que só assim é possível guerrear e vencer!

E mesmo reconhecendo que estão despreparados, <u>promete que não irá desistir de nenhum</u>!

"Mulan" – a personagem principal

<u>Assume</u> para si <u>o risco</u> de representar sua família na guerra, para poupar seu pai e, como ela mesma diz, "ser alguém que valesse a pena".

Descobre que o general do exército inimigo sobrevivera e que assim continuava a representar perigo ao seu imperador e ao seu país. E mesmo tendo sido expulsa de sua tropa, <u>não desiste</u> de encontrar alguém que acreditasse nela e em sua <u>intenção verdadeira de ajudar</u>.

<u>Planeja</u> o ataque aos inimigos para resgatar o imperador e <u>usa</u> toda a <u>técnica</u> aprendida com seu comandante no combate aos inimigos.

Torna-se <u>líder por mérito e reconhecimento</u> de seus companheiros de tropa, que decidem ajudá-la a combater o exército inimigo por reconhecerem nela seu <u>comprometimento</u> em salvar seu país.

Recebe também o reconhecimento do imperador, que lhe oferece um cargo junto a ele, mas que ela <u>humildemente</u> não aceita para que pudesse continuar ao lado de sua família.

TOY STORY

"Woody": ele é o personagem principal deste filme que já está na sua terceira filmagem. Na primeira, Woody, que é o brinquedo preferido do garotinho Andy, se vê preterido após a chegada de Buzz Lightyear, um brinquedo carismático que logo conquista a amizade dos demais. Durante o filme, Woody vai se dando conta de que há espaço para todos, tanto no quarto quanto no coração de Andy, e torna-se o melhor amigo de Buzz. No segundo filme, Woody é sequestrado por um colecionador e todos os brinquedos se unem para resgatá-lo, colocando as próprias "vidas" em risco, fato este que reforça ainda mais a amizade e lealdade entre eles. Na terceira e mais atual filmagem, Andy está crescido e prestes a ir para a faculdade e frente à difícil decisão do que fazer com seus brinquedos, inclusive com Woody, tendo sido este o único escolhido a partir com ele. Durante o filme, os brinquedos vão parar numa creche e começa aí uma grande enrascada, que só termina quando Woody se junta a eles para salvá-los. No final, Woody é quem se vê na difícil decisão de ir para a faculdade ao lado de seu amigo Andy ou abrir mão de seu sonho e ficar com seus amigos.

COMO TREINAR SEU DRAGÃO

"Soluço": o garoto viking

Sofre com o preconceito de seu povo por julgarem sua falta de habilidade em matar dragões, pelo seu estereótipo.

Acaba ficando amigo de um dos dragões mais temidos.

Resolve que não irá matar dragões, pois descobre que eles não são tudo aquilo que sempre pensaram e decide enfrentar seu povo mostrando todas as descobertas que havia feito, quebrando assim todos os paradigmas.

Assistam a esses e outros filmes infantis. É uma maneira agradável e lúdica de conhecer o perfil de verdadeiros líderes!

Dez Coisas que Tiram o Sono de Pais e Líderes

«««   »»»

*T*odo momento de crise deveria ser encarado como uma oportunidade de melhoria, de recomeçar, de fazer diferente, de repensar valores e de quebrar paradigmas.

Existem muitas coisas que tiram – ou pelo menos deveriam tirar – o sono de todos os pais e de todos os líderes de pessoas.

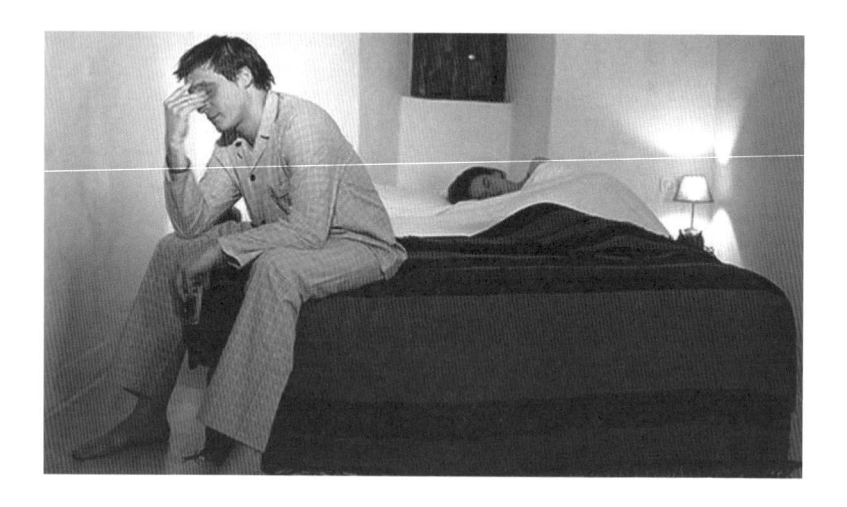

Deveriam, pois, quando algo nos incomoda, tendemos a fazer algo para mudar.

Entre essas tantas e tantas coisas que nos incomodam e nos tiram o sono, listei abaixo dez delas que realmente me tiram o sono e que com certeza farão com que você se identifique. Primeiro aquilo que se refere a nós como pais e, ao lado, como líderes:

1. Filho doente / Funcionário descontente
2. Criança resfriada / Equipe desmotivada
3. Irmãos brigando e não se respeitando / Cliente esbravejando
4. Menino sem apetite / Afastamento por tendinite

5. Pais e filhos sem interação / Falhas no processo de comunicação
6. Problemas na escola / Fornecedor que enrola
7. Adolescente que se retrai / Produção que cai
8. Violência da grande cidade / Relatório de não conformidade
9. Boletim com nota baixa / Falta de dinheiro em caixa
10. Presenciar a discussão dos pais / Práticas de concorrência desleais

Com quantos desses dez itens você se identificou? Quais desses itens tira o seu sono como pai e /ou como líder? Ótimo, identificar – e reconhecer – o problema é o primeiro passo para a mudança, para a construção de dias e, por que não, de seres humanos melhores! E esse caro pai, caro líder, também é um papel seu!

Pais e Profissionais Globalizados

«««   »»»

Você já se pegou dizendo ou até mesmo pensando: *"nossa, o dia passou e eu não fiz nada?"*.

Pois é, e não é só você que já teve essa sensação.

E já parou para pensar sobre o porquê?

A rotina de tantos e tantos homens e mulheres está cada vez mais atribulada, com n coisas para fazer, com inúmeros problemas para resolver, em casa com os filhos e com o(a) companheiro(a), no trabalho com o chefe e com a equipe, na família com seus pais e irmãos... Ufa!

Esses dias li uma frase de uma amiga que dizia: *"tenho saudades do tempo em que os problemas que eu tinha que resolver eram só os das aulas de matemática"*.

Mas ao tentar cuidar de tudo e de todos, você acaba esgotado(a), não é?!

E o prazer, onde fica? O prazer de trabalhar, de iniciar e entregar novos projetos, de voltar para casa, de cuidar dos filhos, de estar ao lado do(a) companheira(a) e de falar e estar com a família.

Aquela expressão *"quem faz tudo não faz nada"* cabe bem nessa situação. Você pode até ter passado o dia cumprindo suas obrigações e afazeres, mas não se envolveu verdadeiramente com nenhuma delas, pois já estava pensando no que ainda precisava fazer!

Não podemos, atenção a estas palavras, <u>não podemos nem precisamos</u> dar conta de tudo sozinhos, seja como mulheres ou como homens, seja como pais ou como profissionais.

Abaixo a centralização! Bem-vindos ao século XXI. Onde a palavra de ordem é <u>globalização</u>.

E isso significa, por exemplo, criar parcerias, criar uma rede de apoio, planejar seus horários, sua semana e seu mês pensando nos seus compromissos pessoais e profissionais e sem se esquecer do horário das atividades dos filhos.

Significa <u>delegar</u> tarefas, significa saber pedir ajuda quando necessário. Dar valor a cada hora passada ao lado dos filhos, a cada hora sentado com a equipe treinando e desenvolvendo-os.

A polivalência tanto no campo pessoal quanto no campo profissional pode até ser algo positivo, mas quando isso o torna um centralizador, aí é negativo.

Prime pela <u>qualidade</u>, não só pela quantidade.

Relações e serviços de qualidade fazem a diferença, e se você como mãe ou pai e como líder e profissional não fizer a diferença, alguém fará por você.

Portanto, bem-vindos ao século XXI, onde as mulheres contribuem com o sustento da casa e os homens lavam as louças, onde as mulheres sabem trocar pneus e os homens fraldas, onde as mulheres passam o ocupar cargos de liderança e os homens passam a se preocupar com ambientes organizacionais mais humanizados.

Pais e Profissionais Globalizados ■ **47**

Mulheres Globalizadas

《《《   》》》

Há cerca de quarenta anos as mulheres deixaram sua marca na história. Foi quando resolveram que não iriam mais ficar somente em casa com os afazeres do lar e cuidando dos filhos (e dos maridos) e passaram a lutar por posições no mercado de trabalho.

E elas conseguiram.

Ainda que fossem por vontade própria, havia uma culpa por "abandonar" o lar e os filhos. Então trabalhavam o dia todo e, ao voltarem para casa, desdobravam-se com todos os afazeres para que ninguém percebesse sua ausência. O acúmulo de funções e tarefas, é claro, esgotava a mulher! Trabalho, casa, marido e filhos... e tudo isso num dia com 24 horas. Isso é a dupla jornada!

Mas após esses quarenta anos muita coisa mudou.

Vivemos o tempo da globalização.

Agora, e você, mulher, já se perguntou se é realmente uma mulher globalizada?

Se você já chega ao seu trabalho cansada e morrendo de sono porque seu bebê acordou durante toda a madrugada e você teve de fazê-lo dormir todas às vezes, e depois que chega passa o dia trabalhando, mas com a cabeça nos filhos porque "sabe" que eles com certeza vão esquecer algum material da escola, que não irão tomar banho nem escovar os dentes direito, que não irão comer os legumes e as frutas no almoço etc. etc. etc... e tudo isso porque você não está lá para cobrá-los e ajudá-los a fazer.

E já começa a ter dor de estômago ao receber uma ligação do chefe chamando para conversar bem em cima da sua hora de saída e que isso com certeza vai te comprometer, porque é você quem tem de buscar as crianças.

Mas mais uma reunião com o chefe não é nada para quem já passou o dia mediando as relações entre os membros de sua equipe, tentando resolver os conflitos para isso não atrapalhar o clima na sua área, já recebeu – e atendeu – todas as ligações dos clientes mais furiosos e se desdobrou para não só atender, mas também exceder suas expectativas, fez todos os levantamentos, planilhas e relatórios que o chefe pediu, mas que na hora h nem usou dizendo que "ah, agora não será necessário". Não pôde almoçar com o pessoal porque preferiu pedir um lanche e comer ali mesmo enquanto estudava um pouco para a prova da pós-graduação.

E não acaba por aí. Saindo da escola, você precisa passar no supermercado para comprar os lanches da escola para o dia seguinte. Chegando a casa, precisa dar banho em todos, preparar o jantar (criança precisa se alimentar, certo?), ajudar nas tarefas da escola, brincar, ajudá-los a escovar os dentes e colocar todos para dormir.

E você ainda tem coragem de dizer que é uma mulher moderna?

Mulher moderna é aquela que planeja o seu dia, a sua semana e os seus horários e de seus filhos para não perder o controle da situação. Mulher moderna é aquela que confia ao marido algumas tarefas, sejam com a casa ou sejam com as crianças, sem julgá-lo menos competente que você nisso. É aquela que cria uma rede de apoio, contando com ajuda de uma amiga, irmã, até mesmo de uma vizinha para quando precisar e surgir um contratempo. É aquela que delega tarefas em seu trabalho, porque isso ajudará seus parceiros e colaboradores a crescer profissionalmente. É aquela que negocia horários com o chefe, expondo-lhe suas necessidades e mostrando-se comprometida com a empresa.

É aquela que pode até não estar 100% do dia ao lado dos filhos, mas quando está com eles, é 100% deles!

Sim, sem falar nos maridos, namorados, companheiros. Se você tem um relacionamento, é preciso mantê-lo saudável, certo? A regra de ser 100% deles quando estiverem juntos também vale, mas aproveite o tempo para relaxar, entendeu? Permita-se relaxar um pouco, afinal, no dia seguinte começa tudo outra vez!

Mulher moderna é aquela que decide por trabalhar fora ou não, mas que o faz com segurança e não com culpa! E ao estar segura das decisões, transmite isso aos seus próprios filhos, e estes tenderão a ser homens e mulheres tão seguros quanto você. E, além disso, orgulhosos da mãe que você foi e é para eles!

Bem-vindas ao século XXI!

"Papai, Você Vai Voltar?"
Uma História para Pais e Líderes que Temem se Ausentar

«««   »»»

É curioso como resistimos a nos ausentar. Já parou para refletir sobre isso?

Quantas vezes pensou em viajar sozinho com sua esposa ou seu marido, mas desistiu por achar que os filhos não ficariam bem sem você? Ou quantas férias já adiou por pensar que seu departamento não seria o mesmo sem você?

Em ambas as situações, o que sempre ouço das pessoas são as seguintes justificativas: "Eu não tenho coragem" ou ainda "Ah prefiro não pagar para ver", ou até "Eu não ficaria tranquilo em sair e deixar o trabalho/filhos nas mãos de outras pessoas".

Arrisco resumir essas frases em um uma única palavra: <u>segurança. Muitos pais e líderes não sentem segurança em se ausentar!</u>

O temor em se ausentar de sua casa ou de sua empresa, mesmo que por poucos dias, está diretamente ligado – entre outros fatores – à falta que você fará para as pessoas, ou melhor, à forma e intensidade com que elas demonstrarão que estão sentindo sua falta.

Você pode até não concordar e/ou admitir, mas é preciso segurança para "libertar" as pessoas de você. Ou seja, admitir que elas podem tocar a vida sem sua presença física. O lado positivo disso é que elas multiplicarão tudo aquilo que aprenderam com você, irão se tornar mais independentes e seguras e, sim, sentirão sua falta. Ah, claro, vale lembrar que para isso ser realmente positivo você terá de ter feito bem sua parte como pai e como líder, bem não, muito e muito bem. Porque senão, aí sim você precisa ter muita coragem para pagar para ver...

Quando você se ausenta, deixa uma lista de recomendações para os que ficam. Pede para seus filhos serem educados (como você ensinou) com aqueles que tomarão conta deles, pede para seus funcionários se dedicarem e cumprirem as metas (como você ensinou). Pede para aqueles que cuidarão dos seus filhos ligarem sempre que for preciso e pede para o chefe não se encabular caso precise te ligar, seja quando e para o que for! rs

O primeiro dia passa e ninguém te ligou. No segundo e terceiro também não. E quando é você quem liga, tudo está na mais completa ordem. Quando se dá conta, os dias se passaram e você está de volta. Seus filhos não choraram e seus funcionários não se descabelaram.

E na sua cabeça (consciente ou inconscientemente) a pergunta que não quer calar: "mas ninguém sentiu minha falta?".

Comigo não foi diferente. Quero compartilhar duas situações, uma na empresa em que trabalhava e uma em casa.

Durante a licença maternidade do meu primeiro filho, o Mateusinho, mantinha contato frequente com a empresa. Ligava para minha assistente e ela, sempre muito calma e segura, me dizia como estavam as coisas. E as coisas sempre estavam em ordem. Estávamos em época de implantação de um novo sistema informatizado na área, processos seletivos em aberto, daqueles em que você faz até promessa para encontrar candidatos com perfil, tendo de cumprir o Programa de Treinamento etc. etc. etc. Mas sim, estava tudo sempre bem! O que ela sempre fazia era me posicionar sobre o andamento de cada situação da área e sobre a ação que havia tomado. Ou seja, a minha área sobrevivera, e muito bem, durante minha ausência.

Às vésperas de minha volta, exatamente dois dias antes – já conformada com a falta de demonstrações de "desesperos e pedidos uníssonos de "Volta Aninha" – liguei para meu diretor. Ao atender ao telefone, ele foi logo dizendo: "Nossa Aninha, estamos aqui em reunião falando exatamente sobre você, ou melhor, sobre sua volta. Será depois de amanhã, certo? Puxa, não vemos a hora, estamos com umas ideias e precisamos de você!".

Pronto, estava ali a confirmação: sim, sentiam a minha falta sim, e de um jeito superpositivo! Novos projetos, e não velhos problemas, esperavam por mim. Esperavam a minha volta...

Mais recentemente, exatamente há dez dias, saímos em viagem, um passeio programado para uma semana. Saímos eu e meu esposo, sem os filhos. Ambos ficaram com minha mãe e irmã. Mas, é claro, não foi assim tão fácil. Até manual sobre cada um deles eu elaborei – e isso é assunto para um novo texto. E na minha cabeça, uma certeza: vou encontrá-los chorando sempre que eu ligar, pois ainda são pequenos (o mais velho com dois anos e dez meses e a caçula a uma semana de completar um ano) e sentirão minha falta.

Pois bem, primeiro dia, primeira ligação, e adivinhe: ninguém chorando. Segundo dia, segunda ligação, e adivinhe: de novo ninguém chorando. Terceiro, quarto, quinto dia... nem preciso dizer! Teve dia de eu nem chegar a ligar! Eu, a mãe, e meu esposo, o pai, não conseguíamos esconder a "frustração" pela ausência de lágrimas. Era sempre a mesma resposta. Perguntava para as "cuidadoras" (muito competentes por sinal – rs) e elas me diziam sobre o dia deles, e tudo sempre em ordem. Mateus até comeu toda a comida e Maria Vitória dormiu a noite inteira.

Chegamos. Nós ansiosos para abraçá-los e eles para verem os presentes. Isso no domingo. No dia seguinte, segunda-feira, vida normal para todos. Meu marido levanta e começa a se preparar para ir para o trabalho. Ainda eufórico com nossa chegada, Mateusinho também acorda, isso às sete horas da manhã, e já começa a tagarelar, pedir desenho, leite... O pai prepara seu leite e vai terminar de se aprontar. Já pronto para sair, ele vai até Mateusinho para se despedir e eis que o pequeno pergunta ao pai: "Aonde você vai?". O pai responde: "Papai vai trabalhar". E com a mais doce das vozes e o mais inocente dos olhares, Mateusinho pergunta: "Papai, você vai voltar?".

Sabemos que fazemos falta, mas por algum motivo precisamos ver e ouvir isso daqueles a quem nos dedicamos, com quem nos preocupamos, por quem trabalhamos, que tanto amamos!

Portanto, permita-se dar uma saidinha. E se as coisas continuarem bem durante sua ausência, parabéns, você fez um bom trabalho.

Pais e lideres seguros, filhos e funcionários maduros!

Inspiração – A Essência da Liderança

«««   »»»

Dias atrás fui procurada por uma pessoa, mas não uma pessoa qualquer, mas sim a minha primeira estagiária – hoje colega de profissão!

Ela retornara a pouco tempo do exterior, havia ficado oito meses fora estudando e agora de volta buscava uma recolocação.

Ao perceber as exigências das vagas para as quais ela estava se candidatando, percebeu a necessidade de aprimorar seus conhecimentos em um dos subsistemas da área que buscava, no caso, RH. Foi então que ela decidiu me procurar para pedir que eu desse para ela um curso de aperfeiçoamento em T&D. E é claro que aceitei.

Perguntei a ela por que havia pensado em me procurar depois de todo esse tempo e com tantas e tantas instituições competentes que ministram esse mesmo conteúdo. Sua resposta me deixou extremamente lisonjeada. Ela disse: "Ana, a forma como sempre vi você trabalhando, como você lidava comigo e com as outras pessoas, a maneira como era comprometida e fiel à empresa, e hoje, ao ver a forma como você educa seus filhos e está construindo sua família, me deram a certeza de que não teria outra pessoa a procurar que não você". Ousei tentar resumir tudo isso que ela disse em uma palavra e ela concordou: <u>Inspiração</u>!

Fiquei muito, mas muito feliz mesmo, pois acredito que este seja um dos mais importantes papéis de um líder (de uma família e/ou de equipe) – inspirar.

Então me lembrei dos líderes que me inspiraram a ser o que sou hoje, como mãe e como gestora.

Como mãe, tenho duas grandes inspirações: minha própria mãe e minha avó, duas figuras muito importantes na minha formação como pessoa. A primeira é um exemplo de força, batalhadora e disciplinada. É dela que ouço conselhos e vejo exemplo quando o assunto é limite e disciplina dos filhos e de esforço na profissão! A segunda é a verdadeira matriarca, lembro-me dela e já sinto "cheirinho de bolo"! Com ela aprendi o quão importante é dividir o que temos, a acolher quem quer que seja e a receber todos sempre com muito carinho e respeito.

Como gestora, lembrei-me de dois líderes em especial, o primeiro e o último! O primeiro, ou melhor, a primeira (também era mulher) foi com quem iniciei a minha carreira na área de RH, quem me ensinou a amar a profissão e a aplicar todas as técnicas com muita ética! Ela era especialmente paciente em ensinar, respeitando o ritmo de aprendizado de cada um. Era de uma simplicidade ímpar e me ensinou a respeitar todos, sejam eles funcionários, diretores, clientes ou fornecedores. Seu lema era: "hoje você está deste lado, amanhã poderá estar do outro. Por isso, trate as pessoas como elas gostariam de ser tratadas!". O último líder com o qual trabalhei dentro de uma empresa (esse sim homem!) era uma inspiração diária para mim e para todos os que tiveram a sorte de trabalhar com ele. Isso porque estava sempre com as portas abertas para receber quem quer que fosse, para falar de qualquer que fosse o assunto. Com ele aprendi que é preciso estudar sempre e sempre e estar academicamente preparado para ser o melhor dos melhores profissionais. E sempre que percebia a dedicação de um funcionário, ele demostrava reconhecimento nas suas diversas formas, mas principalmente elogiando e apertando nossas mãos!

Todos nós conhecemos líderes que nos inspiram pessoal e profissionalmente, então convido você agora a parar uns minutinhos e lembrar-se daqueles que inspiraram você a ser o que é hoje. Pense o que em seu comportamento fazia dele fonte de inspiração. É um exercício maravilhoso e que nos motiva a sermos melhores com as pessoas a nossa volta!

O maior desejo de pais e líderes é que nossos filhos e funcionários aprendam tudo aquilo que procuramos ensinar e que façam a diferença no mundo como pessoas e profissionais. A maior de todas as lições que podemos passar é a demonstração de que cumprimos todos os nossos papéis com amor, e isso, um dia, fará de nós exemplo e inspiração!

Ah, e não nos esqueçamos jamais do líder que mais inspirou e inspira a humanidade até os dias hoje. Seus exemplos foram tão marcantes e importantes que o tempo passou a ser contado antes e depois Dele.

Quiçá um dia possamos ser e agir, ainda que um pouquinho, "à sua imagem e semelhança". E que Ele esteja ao nosso lado, guiando-nos por todos os caminhos em que a vida nos colocar, sempre...

"Mamãe, Achei a Letra A" – Conhecimento, Habilidade, Atitude

«««   »»»

Não há um só lugar por onde andamos em que o Mateus deixe de gritar: "mamãe, mamãe, achei a letra "A"!

Pois é, ele aprendeu a reconhecer a letra "A". E não é só isso, ele já sabe fazer a letra "A". Basta um papel e um lápis (ou até um vidro de box embaçado durante o banho) para ele escrever a letra que aprendeu. E o faz, todo orgulhoso, repetindo as instruções da professora "subiu, desceu, cortou" – pronto, aí está o "A"!

Vendo isso, além de achar o máximo ver a alegria do meu filho por ficar tão feliz por seu feito, observei como se deu esse processo e percebi que, ao aprender a reconhecer e escrever a letra "A", ele mostrou ter conhecimento, habilidade e atitude. Sim, isso mesmo, o famoso CHA.

Na escola, a professora está treinando seus pequenos alunos a conhecer e identificar alguns números e algumas letras. A fase seguinte é treiná-los para que consigam escrever esses números e letras que lhes foram "apresentados". Para isso, usa as mais diversas e lúdicas técnicas – lembra-se das atividades de passar pelas linhas pontilhadas com os dedinhos cheios de tinta?! (se você não se lembra, sua mãe com certeza deve se lembrar!)

Pois é, primeiro eles <u>conhecem</u>, depois <u>desenvolvem</u> a habilidade de <u>reproduzir</u> a nova técnica!

O mais interessante é ver o <u>interesse</u> do Mateusinho em mostrar que já aprendeu, ou seja, ele está tendo a atitude, pois percebeu que isso – aprender a fazer as letras e números – é *legal*!

E é mesmo *legal*, porque isso é um ganho significativo na sua vida, é um passo para a alfabetização. E a importância da alfabetização para o ser humano dispensa explicações!

O papel da professora foi mostrar essa possibilidade a ele, de aprender a ler e escrever. E aplicou suas técnicas para ensiná-lo. Além disso, ela os desafia a conseguir feitos como este. Sentindo-se desafiados, eles tendem a se empenhar. E conseguindo realizar o que foi proposto, eles sentem-se vitoriosos. Daí cabe à professora parabenizá-los para que se sintam reconhecidos e motivados a novas conquistas diante dos novos desafios!

Mas os pais também têm papel importante nesse processo. É um trabalho de parceria família – escola.

Ou seja, nós, <u>os pais</u>, também devemos <u>estimular</u> e <u>auxiliar</u> na aquisição de novos conhecimentos, no desenvolvimento de novas habilidades e no <u>incentivo</u> à <u>aplicação</u> do novo conhecimento e habilidade aprendidos.

Alguma semelhança com o que acontece em nossas organizações? Alguma semelhança com a forma como devem agir os líderes dessas organizações?

Quando chega à empresa, o colaborador traz uma dezena de conhecimentos e habilidades e demonstra ter atitude necessária para agregar estes em prol da organização.

Mas outra dezena será necessária no decorrer do tempo, frente à necessidade da <u>melhoria contínua</u> dos processos da empresa. Novos conhecimentos e novas habilidades serão necessários, e a atitude proativa, nem se fale.

A cultura da <u>empresa</u> no que se refere ao processo de treinamento e desenvolvimento faz toda a diferença neste momento, pois cabe a ela <u>preparar bem seus colaboradores</u>. Colaboradores preparados, empresa preparada! É preciso lançar mão das mais diversas e assertivas técnicas e ferramentas para treiná-los, acompanhá-los durante a aplicação do novo conhecimento apreendido e também no momento da avaliação da eficácia do treinamento aplicado. As ações de desenvolvimento (entendidas como ação de longo prazo) pedem esse mesmo tratamento.

A assertividade das ações, entre outros fatores, será alcançada quando considerado o perfil do público para o qual você está propondo as ações de treinamento e desenvolvimento. Assim como faz a escola quando seleciona e aplica as atividades de acordo com a faixa etária dos seus alunos, por exemplo.

Já ao líder, cabe o papel de estimular e auxiliar na aquisição de novos conhecimentos, no desenvolvimento de novas habilidades e no incentivo a aplicação do novo conhecimento e habilidade aprendidos.

Para isso, é preciso investimento, não só o financeiro, mas também o tempo!

Não basta apenas prover estudos, cursos e treinamentos nas melhores instituições. O que faz mesmo a diferença, e pode vir a garantir mais sucesso, é nossos filhos e nossos colaboradores sentirem e verem que investimos nosso tempo para o desenvolvimento de suas potencialidades.

Veja, quando digo investir tempo, falo muito mais da qualidade desse tempo do que da quantidade! Portanto, não tem desculpas.

Quando nossos filhos aprendem o ABC, as portas do mundo se abrem para eles. Quando nossos colaboradores desenvolvem CHAs, as portas do mundo se abrem para nossas empresas!

Meu "Bracinho Direito" – Todo Mundo Tem um Potencial

«««   »»»

Dia desses, fomos visitar um casal de amigos que também tem filhos.

Um dos filhos desse casal de amigos tem uma deficiência leve do lado esquerdo, o que provoca certa limitação de seus movimentos.

Mas ele, como toda criança, não para um só segundo! E faz tudo, tudo mesmo, todas as travessuras que o irmão faz, que meus filhos fazem, enfim...

Os pais o tratam da mesma maneira que tratam o filho mais velho. Ele não é superprotegido por apresentar a tal "deficiência". Pelo contrário, os pais exploram ainda mais suas potencialidades.

E perguntando para os pais, eles dão um show sobre o assunto. Além de conhecerem muito bem sobre a síndrome do filho, eles o estimulam e incentivam naquilo que ele tem de melhor.

Enquanto o irmão adora futebol, ele é ótimo nos jogos de estratégia. Agora, por exemplo, ele representará a escola no campeonato de xadrez! Os pais ainda dizem que quando estão todos em casa brincando com algum jogo, a disputa em fazer dupla com ele é grande! E dizem mais: "ninguém ganha dele no braço de ferro. Quando ele resolve usar seu *"bracinho* direito", não tem pra ninguém"! rs

É assim a que carinhosamente se referem: "o *bracinho* direito" e "o *bracinho* esquerdo". E dizem que o "*bracinho* esquerdo" pode até não fazer tudo, mas o "direito" sim! Então não tem desculpas!!! E dizem mais, eles ensinam para os filhos que todos nós temos "bracinhos direitos" e "bracinhos esquerdos", fazendo uma analogia para demonstrar que todos temos limitações, mas se temos potenciais, temos de usá-los!

Pois é, esse garoto tem muito potencial a ser explorado. Assim como todos nós, como todos os nossos filhos!

E o que dizer então de nossos funcionários!

Muitas vezes, candidatos são reprovados em processos seletivos em que a justificativa do líder é: "não apresentou a experiência e o conhecimento necessários". Pois saibam que muitas coisas mudaram na Gestão de Pessoas nesta última década, e essa é uma delas: desvalorizar o candidato (ou funcionário) por ele não apresentar experiência na área! O que vale muito mais nos dias de hoje no mundo organizacional é a vontade e o potencial da pessoa em ser desenvolvido!

Quem falou que profissional pronto é profissional certo? Muito menos garantia de sucesso!

Já experimentou "explorar" o potencial de alguém que tinha força de vontade e se surpreendeu com o resultado que ele apresentou?

A palavra potencial, no dicionário, tem o seguinte significado: "que é possível, mas ainda não é real", e ainda, "capacidade de ação, de produção".

Vamos explorar esses significados...

Primeiro, o significado "Capacidade de ação, de produção".

Já parou para observar e descobrir qual o potencial de seus filhos e funcionários? No que ele parece ser bom, no que parece se destacar dos demais? Já se surpreendeu com algum feito deles que até parou para se perguntar: "nossa, como ele conseguiu fazer isso e com tanta facilidade?". Pois é, porque ele tem potencial!

Agora, o outro significado da palavra – "Que é possível, mas ainda não é real". E faço mais uma pergunta para você, caro leitor: se é possível, mas ainda não é real, quem tem um papel importante aí? Sim, certa resposta – VOCÊ. Você que é pai, você que é líder.

Você sempre sonhou que seu filho curtisse futebol como você, mas percebeu que ele tem é potencial para a música? Pois bem, incentive-o a tocar um instrumento. Você tem um bom funcionário na área técnica, mas observou que ele tem potencial comercial? Ótimo, dê-lhe um desafio de venda!

Você pretendia que seu filho fosse advogado, médico, mas o que ele tem mesmo é potencial para jogar futebol? Coloque-o numa escolinha. Você contratou um funcionário para que ele organizasse arquivos, mas notou que tem potencial para falar em público. Pois então, deixe-o apresentar os resultados da equipe na próxima reunião.

E agora vou dizer mais uma coisa: quando o apoio e incentivo ao desenvolvimento das potencialidades de nossos filhos e funcionários partem da gente, pais e líderes, isso faz toda a diferença para eles! Os laços de confiança, respeito e comprometimento se tornam ainda mais firmes.

Qual é a família e qual é a organização que não quer laços firmes entre seus membros e destes com a instituição/organização?

Minha mensagem final, para todos vocês pais e profissionais, é que olhemos mais para nossos filhos e funcionários, mas a partir de agora com um olhar diferente.

Vamos dispensar menos energias em criticar os defeitos, corrigir os *gaps*, descrever as falhas e ausências de competências e apontar os erros e passemos a investir nas capacidades, a estimular o desenvolvimento das potencialidades e a apoiar e incentivar aqueles que têm boa vontade!

Vai valer a pena!

Não Dê Ordens, Dê Exemplos

Dias desses, meu mais velho – o Mateusinho – nos deixou em duas situações no mínimo constrangedoras!

Em uma delas, estávamos passeando de carro quando ele solta um palavrão, daqueles bem cabeludos que são mais que um palavrão, são uma expressão completa! Por sorte (se é que posso dizer assim), estávamos em família!

Na segunda situação, ele, durante um ataque de birra, disse a uma conhecida que tentava acalmá-lo: "para de falar!". Aí pegou pesado.

Nessa hora, você gostaria de abrir um buraco no chão e colocar a sua cabeça dentro, pois não sabe onde enfiar a cara. Pede mil desculpas, chama a atenção do filho, faz ele próprio pedir desculpas para pessoa...

É no mínimo constrangedor. Não somos o tipo de pais que acham engraçadinho criança pequena falar palavrão, muito menos o ensinamos!

Mas se ele repetiu, é porque ouviu, e pode ter ouvido dentro de casa! E filho vê e ouve tudo, tudinho o que está a sua volta! Quando ele ameaça dizer algo parecido novamente, já digo para ele: "não diga isso, é muito feio". Mas mesmo dando essa ordem, podemos perceber a necessidade de um policiamento constante de nossos atos, pois, sem dúvida nenhuma, são eles – os nossos atos – que influenciam o comportamento dos filhos.

Portanto, a velha frase "não faça o que eu faço, faça o que eu falo" não funciona!

Quer ver...

Seu telefone toca e quando seu filho atende você percebe que é alguém com quem não quer falar. Então manda ele dizer à pessoa que você não está. Mas você diz para ele que é feio mentir e o pune quando ele mente!

Você xinga todo mundo no trânsito, xinga o juiz enquanto assiste ao futebol, fala mal da sogra. Mas você diz para ele que é preciso respeitar as pessoas e o pune quando ele não respeita!

Você grita o dia todo, para tudo, para todos. Mas diz para ele falar baixo!

Seja sincero, a probabilidade de seu filho contar "mentirinhas", ser "malcriado" com as pessoas e berrar insuportavelmente, nesses casos, não é maior?

Deve haver um consenso entre o que dizemos e o que fazemos, pois só assim teremos credibilidade e conquistaremos a confiança de nossos filhos e de nossos colaboradores.

Sim, de nossos colaboradores também.

Certa vez recebi o pedido de uma líder para que eu, como RH, conversasse com as meninas de sua equipe para que não fossem mais trabalhar com sandálias "rasteiras" (aquelas que são usadas no verão), calças de cintura baixa e blusas de alcinhas, pois ela considerava esse tipo de vestimenta inadequada para a imagem da empresa. Pois bem, enquanto eu elaborava uma forma de comunicar isso às suas colaboradoras, observei que ela, a própria líder, usava esse tipo de roupas.

O líder pede organização para sua equipe, mas ele mesmo nem se encontra no meio de seus papéis; o líder chama a atenção dos funcionários quando os "pega" fazendo intriga pelos corredores, mas o próprio líder vira e mexe faz uma "fofoquinha" com sua equipe; o líder cobra pontualidade de seus colaboradores, mas vive chegando atrasado às reuniões e eventos que é convocado!

Enfim, estes são alguns exemplos de atitudes simples que demonstram que como pais e líderes não devemos dar ordens, mas sim exemplos.

Quantas vezes você disse para seu filho: "nossa filho, <u>olha</u> que coisa feia aquele menino está fazendo". E quantas vezes disse para algum de seus funcionários: "Você está <u>vendo</u> a forma como o fulano vem se comportando na empresa? Isso não é nada legal!". Quando fazemos isso, queremos que vejam o comportamento do outro para que aprendam o que é certo ou errado, o que é aceitável ou não.

Mas, e quando somos nós quem damos o mau exemplo. Falamos para que não façam isso, não digam aquilo, mas nossas ações... ah as nossas ações...

Pense em como é ruim conviver com alguém contraditório, que fala uma coisa, mas age de outra forma!

Já se você age com ética e responsabilidade, demonstra educação e respeito aos demais e busca ser melhor a cada dia policiando seus atos e aprendendo com seus erros, terá a garantia de que tanto em sua casa com sua família quanto com sua equipe em sua empresa você formará seres humanos melhores, apenas através de seus exemplos.

Então, a partir de agora, não dê apenas ordens, dê exemplos.

E nunca, nunca se esqueça: onde houver exemplos, haverá seguidores!

A Cigarra, a Formiga,
o Pai e o Líder

«««   »»»

Qual a semelhança entre a Cigarra, a Formiga, o Pai e o Líder?

Não, esta não é mais uma daquelas charadinhas não! É, sim, um convite que faço a você a refletir sobre seu papel como líder, de equipe e de família, e se está mais próximo do perfil da Formiga ou da Cigarra. Vou explicar...

Revisando os trabalhinhos de escola do Mateus, meu mais velho, encontrei uma atividade sobre a história da Cigarra e da Formiga.

Quando encontramos esse material, rapidamente Mateusinho pediu: "Lê a história mamãe, lê!".

Então sentamos e começamos a ler juntos aquela historinha. Que momento gostoso... Você já prestou atenção no seu filho, nas expressões que ele faz, na forma como encosta em você, em como presta atenção a cada mudança no seu tom de voz durante esse ato tão simples – ler com ele uma historinha!?

Pois é, e para mim foi e é assim, um momento especial. Até mesmo porque depois de ler a história fiquei pensando que ali havia uma lição para o mundo organizacional e familiar.

Você se lembra dessa história: "A Cigarra e a Formiga"? No final do texto escrevi na íntegra, mas resumindo, a Cigarra, que está sempre feliz e saltitante, encontra a Formiguinha trabalhando e a questiona sobre a necessidade de tanto trabalho, e ela, a Formiguinha, explica que está se preparando para quando o tempo frio do inverno chegar. O que acontece depois você já sabe!

Se fossem dois líderes de uma mesma organização, nós teríamos o seguinte: de um lado aquele líder que tem sempre um planejamento, que tem planos de ação, de contingência, *cheklists*, visão de futuro e antecipa-se às mudanças prevendo as oportunidades e ameaças do mercado em que atuam. Do outro, aquele líder que está sempre apagando incêndios, recorrendo ao superior para negociar um prazo maior para a entrega de um trabalho, que tem ótimas ideias e que quando as põe em prática elas acabam no meio do caminho porque ele não previu o que faria caso houvesse alguma intercorrência, que não mensura o resultado de suas ações e que não tem indicadores para avaliar o desempenho de sua área.

A grande diferença entre líderes "Cigarra" e líderes "Formiga" é a ESTRATÉGIA! Ou melhor, o líder "Formiga" é o verdadeiro líder estratégico. Não importa a área que você lidera, se você não tiver uma postura e uma ação estratégica, suas ações estarão fadadas ao fracasso!

Além de líderes, temos as organizações "Cigarra" e as organizações "Formiga". Imagine uma concorrência entre as duas... Qual delas você acha que sobreviveria por mais tempo no mercado?

Pensando no contexto familiar, temos também os pais que são "Cigarra" e os que são "Formiga". Estes últimos, os pais "Formiga", optam por planejar tudo: desde um passeio ao parque, deixando as bolsas das crianças preparadas no dia anterior para poderem sair cedo, até as atividades do dia de cada um dos filhos, e ensinam a estes a terem rotina e disciplina, planejam brincadeiras para dias de chuva e planejam o futuro financeiro deles. Já os pais "Cigarra" estão sempre fazendo o que der... se der para ir ao parque vão, se não, ficam em casa. E em casa perdem o controle com os filhos porque estes ficam entediados durante um dia sem rotinas e sem atividades. Quando chega a época escolar, não planejam as atividades extras e acabam deixando os filhos muito sobrecarregados ou muito ociosos. Futuro financeiro então... para que prever? "Quando chegar a hora, a gente vê o que faz".

E então, você é um líder "Cigarra" ou um líder "Formiga"? E como pai, está mais para qual dos dois personagens. Pense nisso!

Ah, e mais uma coisa. A "Formiga" faz tudo isso feliz. Sim, FELIZ! E sabe por quê? Porque ela entende o sentido de todo o seu trabalho e sabe que no final de tudo todos serão beneficiados com o resultado, inclusive ela!

A Cigarra e a Formiga

Em um dia de verão, no campo, a cigarra estava saltando e cantando bem forte, do fundo do seu coração.

Uma formiga passou, carregando com grande dificuldade uma espiga de milho que estava levando para o formigueiro.

"Por que você não vem aqui e bate um papo comigo?", perguntou a cigarra, "em vez de trabalhar tão duro desta forma?"

"Eu estou ajudando a armazenar comida para o inverno", disse a Formiga, "e eu recomendo que você faça o mesmo."

"Para que se preocupar com o inverno?" disse a Cigarra, "nós temos bastante comida agora."

Mas a Formiga continuou no seu caminho e no seu trabalho.

Quando o inverno chegou, a Cigarra não tinha comida e estava morrendo de fome, quando viu as formigas distribuindo milho e grãos do estoque que tinham coletado durante o verão.

Então a Cigarra se deu conta: é melhor se preparar para os dias de necessidade.

Administrando Conflitos – Ciúmes

《《《   》》》

Se você tem mais de um filho ou conviveu de perto com quem tem sabe do que eu vou falar – ciúmes!

Sim, a chegada do irmão ou irmã provoca muito ciúme no mais velho, e esta acaba sendo uma das situações mais delicadas pela qual nós pais passamos.

Isso porque você vê que o mais velho está sofrendo e você não quer que isso aconteça, mas ao mesmo tempo quer e precisa dedicar-se ao recém-nascido!

Se não lançarmos mão de algumas técnicas para lidar com essa situação, com certeza veremos se instalar o caos em nossa casa.

Ah, mas é claro, dicas e técnicas por si só não resolverão a situação. Você vai precisar de uma boa dose de paciência, compreensão, criatividade e muito, muito amor.

Aqui em casa não foi diferente. Quando a pequena Maria Vitória chegou, Mateusinho estava com apenas um ano e dez meses, portanto um bebê ainda, e fazia de tudo para chamar nossa atenção.

Enquanto eu trocava as fraldas da Mavi, ele aparecia com a boquinha cheia de terra do vaso de plantas. Eu chamei sua atenção algumas vezes, e como não adiantava, percebi que a solução mais prática para esse problema era mandar o vaso embora! E foi o que fiz.

Eu estava tentando tirar as fraldas dele, mas toda a vez que eu estava amamentando a pequena, ele resolvia fazer coco e xixi pela casa! Logo, percebi que não era ainda o tempo certo, pelo menos não o tempo dele!

E você, já se viu em uma situação destas em sua casa? E na sua empresa, na sua equipe? Já vivenciou uma relação de ciúme entre os seus colaboradores? Sim, isso também acontece nas organizações – ciúmes!

Quantas e quantas vezes um funcionário começa a demonstrar ciúmes por algum outro e logo vai dizendo: "Fulano é o queridinho do chefe!", "Olha lá, lá vai o pupilo do patrão!".

Manifestações de ciúme são bem comuns em uma equipe de trabalho, especialmente quando da chegada de algum membro novo. O líder muitas vezes precisa dedicar maior tempo ao novo colaborador, pois este necessita de treinamento para adquirir habilidades em sua nova função. Mas, para os ciumentos de plantão, isso se torna um incômodo.

Muitos chegam a apresentar mudanças em seu comportamento: desmotivação, queda na produtividade, aumento do absenteísmo. E tudo isso para chamar a atenção do líder. Sim, isso mesmo, assim como as crianças disputam a atenção dos pais, colaboradores também podem ter esse comportamento.

De acordo com os psicólogos israelenses Ayala Pines e Elliot Aronson, ciúme é "a reação complexa a uma ameaça perceptível a uma relação valiosa ou à sua qualidade". Provoca o temor da perda e envolve sempre três ou mais pessoas: a pessoa que sente ciúmes (sujeito ativo do ciúme), a pessoa de quem se sente ciúmes (sujeito analítico do ciúme) e a terceira ou terceiras pessoas que são o motivo dos ciúmes, o que faz criar tumulto.

E qual é o pai que quer tumulto em sua casa? E qual é o líder que quer tumulto em sua equipe?

Por isso, apresento as dicas abaixo e espero que elas o ajudem quando se vir numa situação desta. Veja, você deve ler as dicas, mas sempre respeitar a cultura de sua equipe e organização, a dinâmica de sua família e o perfil de seus filhos e funcionários. Tome-as como base, mas adéque-as às suas necessidades!

– Envolva o mais velho durante os cuidados/treinamento com o mais novo. Sim, chame o mais velho para participar junto quando for cuidar do filho mais novo e quando for treinar o funcionário mais novo. Se possível, delegue algumas tarefas para o mais velho;

– Valorize o mais velho. Demonstre para ele o quão importante ele é, quantas coisas ele já faz que o mais novo ainda não sabe fazer e como isso é importante para todos da família/equipe;

– Faça-os interagir naturalmente. A hora das refeições é um ótimo momento para isso. Na equipe, organize os horários do almoço para que ambos almocem juntos. Será uma hora só deles, para permitir que se conheçam melhor. Em casa, a mesma coisa. Na hora das mamadas, frutinhas e papinhas, o Mateusinho estava sempre presente fazendo alguma refeição ou lanchinho também. Permita conversas, brincadeiras, saídas para cafezinhos, assistir a desenhos animados, tudo isso apenas os dois;

– Reconheça e elogie os bons comportamentos. Valorize o que o mais velho fizer de positivo e não o contrário. Parabenize pelos objetivos e metas cumpridas naquela semana, mostre como foi bacana fazer carinho no irmãozinho. Agradeça por ter ensinado mais um procedimento ao recém-chegado, agradeça ao mais velho por ter te esperado cuidar do recém-nascido.

Enfim, estas foram algumas atitudes que tomamos aqui em casa e que deram certo, e que podem ser tomadas também na empresa.

E é isso que nós, pais e líderes, queremos que exista em nossas casas e organizações: menos conflitos e mais parceria, menos competição e mais cooperação, menos temor e mais amor.

Pessoas não chegam para dividir, mas sim para somar, e é isso que nós, pais e líderes, devemos a eles demonstrar!

Pais e Líderes e Seu Lugar no Mundo de "Hoje"

«««   »»»

Não podia deixar de escrever sobre o caos que temos visto noticiado nos últimos tempos em todos os tipos de mídias: a violência!

Então fiquei pensando sobre o que motiva tantas e tantas pessoas, jovens, velhas, homens, mulheres e até crianças a cometerem tais atos.

Fiquei pensando também sobre o lugar que pais e líderes ocupam no mundo de "hoje" (mais adiante explicarei o porquê das aspas), no lugar das famílias e também das organizações.

O vigia não tolera o comportamento de um cliente que insiste em realizar um procedimento após o fechamento da agência, e quando este último volta para tirar satisfações, recebe três tiros. O jovem descobre que seu melhor amigo está interessado em sua ex-namorada e, por não aceitar tal traição, resolve a situação dando facadas no até então melhor amigo. A professora, em cumprimento a uma norma da escola, tira o celular do aluno durante a aula e recebe chutes deste, que ainda a ameaça de morte. O funcionário não aceita a postura do chefe e o xinga publicamente na rede social. O filho se sente magoado pelo pai e então resolve mandar matá-lo. Já o pai, para fazer o filho parar de chorar, o espanca até a morte.

Poderíamos descrever um tanto de outras situações em que, em minha opinião, o motivador tem sido o mesmo: a INTOLERÂNCIA! Intolerância é uma atitude mental caracterizada pela falta de habilidade ou vontade em reconhecer e respeitar diferenças em crenças e opiniões.

Sim, porque eu não tolero o que você fez, independentemente de quem você seja, e simplesmente eu descarrego toda a minha raiva e toda a minha frustração sobre você, de forma irracional.

Para mim, a intolerância tonou-se uma pandemia, ela vem se alastrando de forma descontrolada e assustadora entre todos os habitantes.

Então eu, que sou filha, que sou mãe, que sou esposa e profissional, lembrei-me de um tempo – do "meu tempo" – em que as relações eram diferentes. Vou dar alguns simples exemplos: em minha casa, durante as refeições, os mais novos esperavam o mais velho se servir e tratavam os pais e avós por Senhor e Senhora. E quando eu queria algum brinquedo novo e minha mãe dizia "agora mamãe não pode comprar", eu acatava. Assim como na empresa, nosso líder direto e seus superiores eram tratados por Senhor e Senhora, até que estes nos deixassem à vontade para chamá-los apenas pelo nome. O lugar na fila do restaurante na hora do almoço era cedido gentilmente às mulheres ou aos mais velhos.

E o mais importante é que tudo acontecia de forma natural, sem autoritarismo. Isso porque sabíamos o nosso lugar e o lugar de nossos pais e de nossos líderes.

Sou o tipo de pessoa que levanta a bandeira da educação e do respeito e que acredita que o lugar dos pais, dos líderes, das famílias e das organizações é o de EDUCADORES! Sim, devemos educar nossos filhos mostrando-lhes os limites, disciplinando-os, dando exemplos de bons comportamentos, mostrando-lhes o que é certo e o que é errado, mostrando que cada ação tem uma consequência e uma reação e que cada um é responsável por seus atos. Como líderes, devemos também educar nossos colaboradores estabelecendo normas e procedimentos internos e explicar por que é importante obedecer a estes. Devemos dar *feedbacks* constantes para que saibam o que é esperado deles e estar à disposição para ajudá-los sempre. Devemos ter uma comunicação aberta e estar sempre abertos a ouvir para fazermos melhor continuamente. Devemos também dar exemplos para que nosso diálogo esteja alinhado aos nossos atos e para que sejamos sempre fonte de inspiração.

E acima de tudo, devemos, como pais e líderes, agir com AMOR, o amor verbo. Porque quem realmente age com amor não abdica de seus papéis, não foge de suas responsabilidades, não "faz vista grossa" para o erro de seus filhos ou funcionários só por não querer "bater de frente", não permite que se burlem regras e normas só para que pareça legal, não passa a mão na cabeça diante de um ataque de birras ou "malcriação" achando que no pouco tempo que tem com eles não deve corrigi-los.

Já aos filhos e aos colaboradores, cabe entender que existe uma hierarquia sim, seja na família seja na organização, e que esta deve ser respeitada sim.

Ah, sobre as aspas no início do texto na expressão mundo de "hoje" eu explico: é que as pessoas estão se acostumando a justificar os comportamentos inadequados, sejam eles de quem for e de onde for. O mundo pode até passar por mudanças, mas os valores não.

A pandemia da intolerância só será controlada quando cada pai, cada líder, cada família e cada organização se conscientizar e assumir que seu lugar é o de educador, transmitindo, assim, os verdadeiros valores necessários a uma convivência saudável entre todos!

Reconhecer, Respeitar, Repensar – Os Três R's do Relacionamento Interpessoal

«««   »»»

Você já conhece os três R's da responsabilidade ambiental, certo? Esse conceito surgiu da necessidade de mantermos uma relação sustentável com a natureza. O termo "sustentável" provém do latim *sustentare* (sustentar; defender; favorecer, apoiar; conservar, cuidar). Segundo o Relatório de Brundtland (1987), o uso sustentável dos recursos naturais deve "suprir as necessidades da geração presente sem afetar a possibilidade das gerações futuras de suprir as suas". Por isso, a proposta de Reduzir, Reutilizar, Reciclar.

Pois bem, e que tal pensarmos na importância de mantermos uma relação interpessoal sustentável? Sim, porque pensando na etimologia da palavra, não só podemos como devemos pensar no relacionamento interpessoal como uma relação que tenha por objetivo sustentar, defender, favorecer, apoiar, conservar e cuidar.

E por que não, então, lançarmos o conceito dos **três R's do relacionamento interpessoal**?

Para mim, eles deveriam ser: Reconhecer, Respeitar, Repensar.

A partir de agora vou praticar os três R's com cada pessoa com a qual eu tenha algum tipo de relação, seja pessoal ou profissionalmente.

Criando Filhos, Liderando Equipes lança agora para você, caro leitor, o desafio de aplicar diariamente esse novo conceito em sua vida, seja em sua família com seus filhos, pais, esposa, irmãos, seja em sua organização com seus pares, colaboradores, conhecidos e até diretores ou ainda em cada um dos outros grupos sociais dos quais você fizer parte.

Reconhecer: Reconheça seus erros e, por que não, peça perdão. Reconheça que você tem virtudes e limitações. Reconheça o outro e então reconheça que ele também tem limitações e aptidões. Reconheça o sucesso e o insucesso, seu e dos demais. E quando se tratar dos demais, torne o reconhecimento do sucesso público, já o insucesso, jamais!

Respeitar: Respeite o espaço de cada um, a opinião de cada um, seja tolerante. Respeite a si próprio e não passe por cima de seus valores, nunca, jamais, por nada nem ninguém. Respeite a hierarquia e se faça respeitar, não por imposição, mas por inspiração. Respeite os mais velhos, pois eles são nosso passado, e respeite os mais novos, pois eles são nosso futuro.

Repensar: Pense e repense antes de agir. E só tome uma atitude ou decisão se aquilo de fato for proporcionar uma mudança para melhor na sua vida e na vida dos demais. Repense sobre seus erros e não os cometa mais, repense seus acertos, mas não se vanglorie jamais. Repense seu papel como pai e como líder, repense como tem agido com seus filhos e seus colaboradores e veja se não poderia amá-los ainda mais. Repense sobre tudo, sempre, constantemente.

Assim como acontece com a natureza, a relação entre as pessoas também sofre desgastes naturais e chega ao fim. Mas a nossa atitude hoje pode garantir um futuro melhor, seja em nossas famílias ou em nossas organizações. Vamos cuidar para que o clima e o ambiente agradável gerado a partir de uma convivência saudável seja sempre preservado. Vamos cuidar daqueles que de alguma forma dependem de nós.

Portanto, aplique os três R's do relacionamento interpessoal. Preserve a relação entre você e seus filhos, preserve também a relação entre você e sua equipe. Preserve sua relação com cada pessoa que passar por sua vida.

Comece hoje e terá para sempre!

Oração dos Pais e Líderes

«««   »»»

Reflexão e oração – não me restam dúvidas de que estas são duas das mais importantes práticas de nós, pais e líderes!

Sim, porque há que se ter muita, mas muita reflexão sobre nossos papéis e a forma como os desempenhamos com nossos filhos e funcionários. Refletir significa pensar sobre um tema e assim ter a possibilidade de mudar de direção caso seja necessário para que o resultado de nossas ações seja positivo.

Ah, e uma boa reflexão exige uma boa dose de humildade. Sim, pois para reconhecermos nossos erros e redirecionarmos nossos passos rumo às ações que nos levem a resultados mais assertivos é necessária muita humildade por parte de nós, pais, líderes e simples mortais!

E a oração? Bem, oração é algo muito pessoal, mas igualmente imprescindível. É bem possível que a definição de oração esteja muito próxima da definição de reflexão, pois há sem dúvida uma interseção entre esses dois atos (se me permitem analisar assim). Ou seja, há elementos comuns entre os atos de orar e refletir, concordam?

Enquanto oro, penso e/ou digo coisas que me conduzem a reconhecer meus erros e a me comprometer em ser melhor a partir da ajuda de uma força Divina, independentemente da religião!

Orar pode até ser o resultado de minha reflexão, transformada em uma sequência de ideias organizadas e que me permite repeti-la tantas vezes sejam necessárias.

Eu repito a oração e espera-se que, toda vez que eu a repetir, eu reflita sobre meus atos, se estão de acordo com aquilo que estou proferindo em oração ou não. Sendo que, reconhecendo meus erros e refazendo o caminho, desta vez agindo conforme o que diz minha oração!

Bem, mas toda essa introdução é para me explicar a vocês, queridos leitores, que vêm me acompanhando durante este tempo de *Criando Filhos, Liderando Equipes* e que notaram (e cobraram! rs) minha ausência nesses últimos meses. Como escritora de um blog, sinto a obrigação de me explicar e pedir carinhosamente desculpas a vocês... E se me permitem justificar esse meu ato (talvez até covarde) de não escrever sobre minhas experiências como mãe e como profissional durante meu período de profunda reflexão.

Sei que a reflexão deve ser um ato constante, mas por vezes se torna tão profundo que, de repente, nos sentimos num vazio interior tão grande, mas tão grande, que o silêncio de nossa alma chega a ecoar e até chegamos a questionar o porquê de nossa existência!

E em troca de sua compreensão, caro leitor, quero oferecer um pedacinho do resultado desse meu período reflexivo – a Oração dos Pais e Líderes!

Sim, eu sei e eu mesma disse que oração é algo muito pessoal, mas assim como divido minhas experiências com a criação de meus dois filhos e sobre minha atuação como profissional, quero dividir a oração que nasceu da minha experiência de reflexão!

Toda a vez que todos na casa já foram dormir e que todos na equipe estão concentrados em suas mesas e locais de trabalho, eu respiro bem fundo para sentir esses momentos.

Em meu trabalho, olho para tudo e para todos que me cercam, calmamente, e repito estas palavras em meu pensamento:

"Que a cada dia junto a essas pessoas eu possa ser uma profissional melhor e, em sendo melhor, que eu possa ter mais criatividade e menos rivalidade. Que eu tenha mais motivos para contratar e menos para dispensar. Que eu me dedique mais a escutar em vez de me isolar. Que eu aja de forma a integrar e não a separar. Que frente a dificuldades e limitações eu saiba respeitar e nunca ignorar. Que eu use minha experiência para compartilhar e não para humilhar. E que eu reconheça o que é amar no ato de liderar!"

Já com meus filhos, posso ajoelhar-me junto a suas caminhas, chegar bem pertinho deles, sentir aquele respirar sereno dos meus anjos e da mesma forma repetir em meus pensamentos:

"Que a cada dia junto aos meus amados filhos eu possa ser uma mãe melhor e, em sendo melhor, que se for para bater, que sejam as palmas para celebrar. Se for para gritar, que seja para cantar. Se for me afastar, que seja para depois somar. Se for para chamar a atenção, que seja para disciplinar e não humilhar. Se for para falar sem parar, que seja para sua história preferida eu contar. Se eu perder a paciência, que eu pare para respirar e não para me exaltar. Que eu saiba sempre respeitá-lo, ainda que de minhas ideais ele discorde, pois se me permitiu ser mãe, que seja para amá-lo!"

Tenho repetido essas palavras e tenho sentido que toda a vez que as repito, algo me toca de um jeito diferente e me faz refletir sobre minhas atitudes... e me faz querer ser alguém melhor... e me faz perceber que melhor eu posso ser!

Independentemente das palavras que você disser em suas orações, independentemente do momento em que você as fizer – faça! Sim, ore e reflita! Sempre e sempre! Esteja você onde estiver. Esteja seu filho onde estiver!

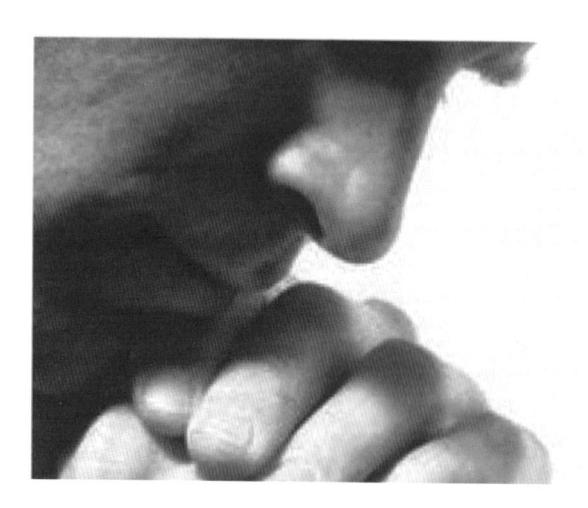

Respire fundo, livre-se de tudo aquilo que o impede de acertar e reconheça que você pode ser melhor – um líder melhor, um pai / uma mãe melhor!

E então busque os recursos para prosseguir! Ah, e saiba que eles estão bem aí, dentro de ti...

Não Dê Ordens, Dê Exemplos II! Vendo a Multiplicação dos Bons Comportamentos

«««   »»»

Uma coisa na qual me pego sempre pensando é se estou acertando como mãe na criação dos meus filhos. Na criação e na educação! Preocupa-me (às vezes até demais) o homem e a mulher que eles serão!

Dia desses, sentei para observá-los e notei o comportamento deles enquanto brincavam. Na brincadeira, ambos tinham os mesmos brinquedos: panelinhas, colherinhas, bonecos, comidinhas, celulares! Rs

Como é mais velho, o Mateusinho acaba comandando a brincadeira e vez ou outra ele pega os brinquedos da Maria Vitória. Isso muitas vezes é motivo de choro, muito, muito choro! Sempre que vejo isso, procuro dizer para ele: "peça o brinquedo para sua irmãzinha e ofereça um seu. Pegar dela e fazê-la chorar não é legal!". E como toda mãe e todo pai sabe, com criança é preciso falar uma, duas, três, quatro, dezenas e dezenas de vezes... Afinal, ser pai é praticar a incansável arte de educar!

Bem, voltando à cena deles brincando juntos, eles faziam a comidinha, davam para os "filhinhos" e atendiam ao celular. Mateus fazia, Maria Vitória repetia...

Foi quando eu o vi dando seus brinquedos para ela, dizendo: "Você quer a panelinha?". E ela respondia (ainda com seu meigo vocabulário monossilábico): *"Xim"*. Então ele dava e ela pegava, e quando ela pegava, Mateus dizia: "Fala obrigado, fala Maria Vitória!". Ela balbuciava alguma coisa e ele respondia: "De nada!".

Depois era a vez de ele pedir o brinquedo para ela. E quando ela dava, ele agradecia: "Obrigado Vitória", e ainda a ensinava: "Fala – De nada – fala Vitória". Era até engraçado.

Mas mais que engraçado, foi uma alegria imensa vê-lo multiplicando o que ensinamos e o que praticamos. Pois não basta falar, tem de demonstrar!

Em uma visita a uma loja, por exemplo, eu o surpreendi cuidando da Maria Vitória, segurando em sua mãozinha e apontando para os produtos nas prateleiras dizendo: "Aqui não pode mexer viu, não é nosso". Fez exatamente como fazemos com ele.

Queremos que eles aprendam a agradecer às pessoas, queremos que eles aprendam a respeitar as pessoas e as coisas das pessoas. Assim agimos e assim os ensinamos. E é assim que nas coisas mais simples os vemos agindo.

Isso vale também para nossos colaboradores. Você já se pegou percebendo e falando, ainda que em pensamento: "Nossa, eles são iguaizinhos ao chefe!".

Pois isso me fez lembrar de uma líder que conheci, com a qual tive a felicidade de trabalhar e conviver. Ela comandava uma área da empresa e tinha uma equipe formada por jovens meninas e meninos. Era, a meu ver, uma profissional exemplar, comprometida, "mão na massa", discreta, estudiosa, carismática e muito solícita. Quando "virou" líder, continuou a ser a profissional competente que sempre foi, somando a todas as suas características profissionais uma liderança preocupada com sua equipe em todos os aspectos – pessoais e profissionais.

E seus funcionários eram igualmente competentes, mas acima de tudo, igualmente pessoas agradáveis, simpáticas e solícitas como ela – a líder. Era comum escutarmos visitantes perguntando: "Nossa, esse rapaz/essa garota é funcionário de quem?". Assim que respondíamos, a reação da pessoa era: "Ah, só podia ser!". Isso porque cada membro de sua equipe multiplicava tudo aquilo que a via praticando, e isso era bom, muito bom!

Não basta falarmos sobre os bons comportamentos, é preciso praticá-los.

É preciso que nossos filhos e funcionários nos vejam praticando, para que então nós os vejamos multiplicando!

Como meus funcionários se sairão? Que homens e mulheres meus filhos serão? A resposta para essas perguntas está bem aí, dentro de você, naquilo que você é, naquilo que eles veem que você é!

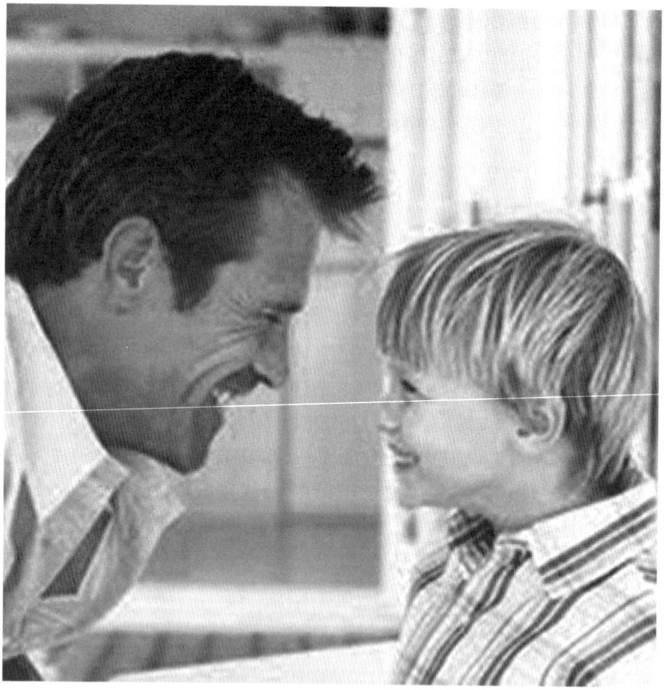

O Remédio é Paciência – Sem Nenhuma Contraindicação

«««   »»»

Quantas e quantas vezes, conversando com amigas mães e também amigos e amigas profissionais e líderes, eu pude ouvi-los dizer: "Nossa Aninha, estou tão estressada/o que preciso é achar um médico que me dê algum remédio!".

Quem já ouviu essa fala, percebeu que muitas vezes havia mesmo um pedido de ajuda ali, havia muita angústia, uma vontade louca de acertar, mas que, de repente, se deu conta de que as coisas fugiam de seu controle.

Eu mesma, confesso, recentemente durante uma consulta ao pediatra das crianças, abri meu coração e perguntei se havia remédio para que eu pudesse lidar com as tantas situações da vida (em especial com meus filhos) sem me descontrolar! Eis que ele, com a sua serenidade de Monge Tibetano, responde a minha pergunta olhando fixamente para meu filho que subia pelas paredes do consultório: "Paciência, é disso que vocês precisam, paciência!"

Meu diálogo interno, nesse momento, era exatamente este: "Ah, você deve estar de brincadeira comigo? Paciência? E você acha que é fácil? Que é assim, como um toque da varinha de condão: *Plim* – pronto, agora tenho paciência! Ah, faça-me um favor... Como é que você criou seus filhos, Doutor? Não é possível que você nunca tenha surtado. E a sua mulher, será que nunca pensou em colocá-la numa camisa de força de tão maluca e histérica que ela ficava? Não é possível que eu seja a única mãe que esteja pirando? Sou? Será? Deus, eu sou um ET! Esse cara não é normal! Ninguém normal tem tanta paciência assim, tão rápido e tão fácil! Vai passar o dia lá em casa Doutor, vai!"

E esse diálogo ecoava dentro da minha cabeça durante o percurso de volta para casa, o diálogo e o choramingo do meu filho, que naquela altura do campeonato estava com fome, sono, calor...

E esse danado de diálogo não se calou durante o resto daquela noite. Eu dormi antes que a matraca que reside em mim se calasse! Ainda bem!

Ainda bem, porque eu comecei a por à prova o que o Doutor (aquele lunático – rs) havia prescrito: PACIÊNCIA!

Mas, mais do que praticar meu papel de mãe com a dose de paciência recomendada, eu comecei a refletir. E então imaginei que Paciência era o remédio que tanta gente procurava. E, em sendo um remédio, comecei a buscar para quais casos ele era indicado. E cheguei à seguinte conclusão: a Bula (mental) da Paciência.

Paciência é indicada para casos de:

- Gravidez – controla a ansiedade que este estado provoca, tendo efeito até o nono mês de uso. Este estado provoca uma vontade enorme de ver o rostinho do bebê, de pegá-lo em seu colo, de sentir o seu cheirinho, de vestir as roupinhas que preparou para ele...

- Diante do nascimento de seu primeiro filho – paciência é indicada nestes casos, pois será importante no momento da amamentação: ele vai conseguir mamar, abocanhar seu peito e a dor vai passar! E se, por qualquer motivo, não puder amamentá-lo, paciência é importante para você ficar tranquila e saber que poderá suprir suas necessidades com algum suplemento.

- Diante do nascimento do segundo filho – o ciúme do mais velho desencadeará crises homéricas de birras, brigas e outros comportamentos que você só poderá conter se estiver com a paciência em dia.

- Paciência é indicada ainda para os casos de: desfralde, desmame, início na escolinha, febres, cólicas, choros na madrugada, tombos, mordidas de coleguinhas, birras no shopping, vasos quebrados, início da autonomia durante a refeição, higiene e cuidados pessoais, ele resolver que quer te ajudar na cozinha, a sua pequena atacar sua maquiagem importada ou acabar com o seu pote de creme preferido ou o seu pequeno jogar todo o seu gel de barbear no vaso sanitário.

- Não há idade limite para tomar Paciência diariamente, pois logo as seguintes situações poderão tirar seu sono: filho trancado no quarto, página em redes de relacionamento, falta de vontade de estudar, amigos estranhos frequentando sua casa e te chamando de tia enquanto abrem a sua geladeira, filho que decide ir morar fora da cidade, do estado e até do país, filho que decide que não quer trabalhar, filha que adora namorar, que passa horas no telefone, no chuveiro, no banheiro, na internet, na cama dormindo, na frente do espelho!

Paciência não é indicada somente para tratar os males da vida pessoal. Também é preciso uma dose de paciência diariamente nas situações de estresse da vida profissional.

- Indicada quando clientes cancelam o contrato; quando o fornecedor atrasa o pedido; quando não recebemos retorno das tantas e tantas propostas enviadas às tantas e tantas empresas prospectadas; quando o concorrente lança uma ideia na sua frente.

- Quando o diretor te chama e você já está na porta do elevador; quando te pede para refazer aquele relatório inúmeras vezes; quando te liga no sábado e domingo; quando chama a sua atenção no meio da reunião; quando vende uma ideia que é sua como se fosse dele; quando se prolonga na conversa e você perde a hora do almoço; quando te nega a execução de um projeto; quando libera uma verba baixinha para sua área; quando te manda resolver os casos mais absurdos.

- Mas paciência é recomendada especialmente nos casos em que você assume a liderança de uma equipe e se depara com alguma destas situações: funcionário em treinamento; percebe que aquele colaborador precisa que a ele dedique mais tempo; funcionário que falta, atrasa, faz fofoca, puxa saco; funcionário triste e desanimado; queda na produtividade e aumento do absenteísmo; conflitos e ciúmes dentro da equipe; pouca experiência no cargo, vontade grande de aprender e de fazer!

Depoimentos de quem já tomou paciência:

"Depois que comecei a usar mais a Paciência, eu nunca mais gritei com meus filhos em público" (A.P. 31 anos, dois filhos)

"Eu já começo meu dia com Paciência, assim não esmurro mais a mesa, não jogo papéis para o alto nem sinto palpitações!" (P.M. 40 anos, Chefe de Faturamento)

Pode até parecer engraçado, mas depois de toda essa reflexão comecei a achar que o médico não estava assim tão louco!

Paciência realmente é indispensável quando o assunto é criar filhos!

Mas não só nessa situação, na vida profissional também é muitíssimo importante ter paciência.

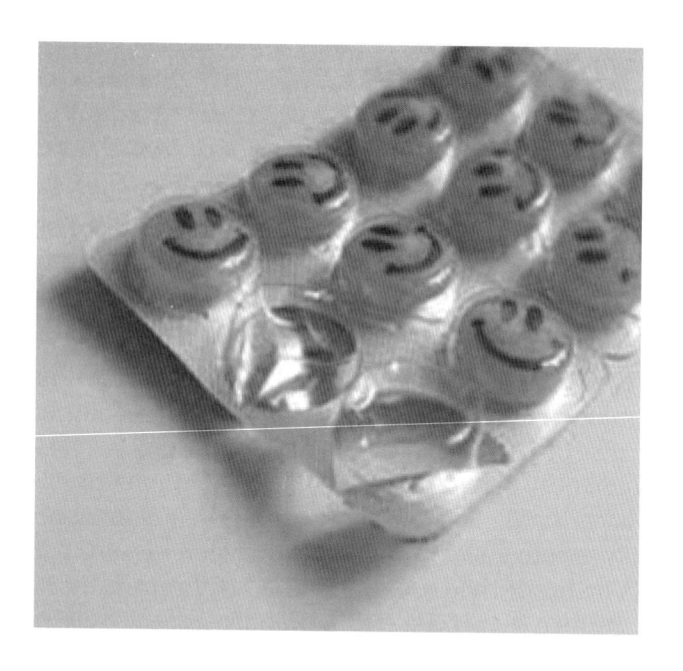

Não há remédio nem fórmula mágica. O sucesso na criação de filhos e na liderança de equipes está diretamente ligado à dose de paciência diária que você demonstra frente às tantas e tantas situações desafiadoras que você encontra! E isso é certo – você vai sempre encontrar!

Seus Filhos e Funcionários Precisam Ser Ouvidos, Sabia? Você os OUVE?

«««   »»»

Sem dúvida nenhuma, muitos conflitos são evitados quando o líder se dispõe a ouvir seus liderados.

SABER OUVIR é uma competência essencial a todo e qualquer líder. Você tem alguma dúvida? Isso porque, ao ouvir sua equipe, você se torna mais assertivo em suas decisões, pois ouvindo cada membro da equipe você pode conhecer as reais necessidades de cada um, as dificuldades e potencialidades.

É sair do "eu acho" para o "eu sei". Por exemplo: "Eu acho que eles precisam de um treinamento de motivação", "Eu acho que aquele rapaz está com algum problema na casa dele", "Eu acho que aquela garota está procurando outro emprego".

Antes de tomar alguma decisão, procure OUVIR o que verdadeiramente se passa com seus liderados. E na dúvida, não faça!

Mas ouvir é ouvir de verdade. De ouvido e coração abertos. Buscando soluções. Sem crítica, sem julgamento. Demonstrando real interesse pelo outro, validando todos os seus sentimentos. Limpe sua cabeça de pré-conceitos e preconceitos quando for se sentar para escutar o que cada pessoa de sua equipe quer e precisa lhe falar. FALAR é uma necessidade humana, e eu acredito nisso.

<u>Tudo aquilo que não encontra saída pela via da fala, manifesta-se de alguma outra forma! Atenção a isso!</u>

E com relação a seus filhos, o quanto você tem ouvido seus filhos? O quanto tem se interessado em escutá-los? O quanto tem dado de valor ao que seu filho tenta lhe dizer, verbal e não verbalmente?

Temos o hábito de nos precipitarmos em fazer algo por e para nossos filhos antes mesmo de ouvi-los. E eu sei, não é por mal. Mas veja: a intenção é boa, mas a ação, talvez não!

Aqui em casa mesmo, com ambos – Mateusinho e Mavi, quantas e quantas vezes percebi que muitas birras e ataques de manhas poderiam ter sido evitados quando eu estive "a fim" de escutar os pequenos.

Querem ver? Cena clássica: Silêncio na casa... Onde estão? Sim, porque duas crianças em casa e um silêncio por um determinado espaço de tempo é sinal de coisa errada! Vou procurá-los e onde os encontro? Em cima da cômoda. O mais velho, que já conseguiu (engenhosamente) subir, está ajudando a pequena a fazer o mesmo. Chega a ser bonito a cumplicidade entre irmãos. Ele em cima do móvel tentando se equilibrar ao mesmo tempo em que estende a mãozinha para puxar a irmãzinha que, claro, também quer subir! Agora eu, mãe sã e cuidadosa que sou, o que faço? Começo a berrar: "Meu Deus do Céu, o que vocês estão fazendo? Desçam daí! Já, desçam já!". E, entre um berro e outro, o mais velho (tenta) fala: "Mamãe... não... mas mamãe". E eu: "Desça!!!". Ele: "Mamãe, a gente...". "A gente nada Mateus, nadaaaaa. Não faça mais isso, está me ouvindooooooo?". Claro que ele está me ouvindo, eu estou berrando. Quem não está ouvindo aqui sou eu – a mãe!

Devo zelar pela segurança deles, mas também devo entender o que os fez escalar o móvel, pois isso poderá até fazer com que não queiram ou precisem subir novamente. E, nesse caso, o que eles queriam era um brinquedo que foi colocado na prateleira que fica sobre a cômoda!

Berrei, tirei-os de lá, eles choraram e espernearam. Eu os coloquei de castigo por estarem fazendo uma birra "desnecessária" e o caos se fez em minha casa! O que eu não quis perceber é que choravam e berravam não por terem saído de lá, mas por eu não ter escutado o que queriam me dizer!

Mas Ana, eles poderiam ter se machucado, você estava certa em tirá-los de lá! Vejam: estou certa, visto a INTENÇÃO de não deixá-los se machucar, mas estou errada em ter agido de maneira impetuosa, sem ao menos ouvir os meus filhos e entender o motivo de eles terem feito aquilo.

Eles ainda são bem pequeninos, mas já expressam desejos, vontades, dores, alegrias, descontentamento... Da forma deles, é claro, cabendo a mim a paciência e dedicação de um tempo para ouvir o que aquelas doces vozes querem me dizer!

Isso não significa que eu deva fazer o que eles querem, que eu vá ceder ou deixá-los em perigo. Significa estabelecer um diálogo. DIÁLOGO, uma comunicação entre duas ou mais pessoas, entendem!?

Pais, às vezes, caem no péssimo hábito do monólogo com os filhos, desvalorizando o que estes têm a expressar!

Em casa ou na empresa, dedique um tempo para conversar com seus filhos e seus funcionários. Escolha um momento especial para isso. Um almoço, um cafezinho, uma saída da escola, um lanche quando voltarem da faculdade, um cinema, uma visita a um cliente.

Ao OUVIR, você descobre como o outro tem coisas fantásticas para te dizer, para te ensinar. Quanta coisa você descobre que seu filho já sabe falar, já sabe fazer. Quanta coisa descobre sobre seu funcionário que te surpreende e te faz conhecer o potencial desse profissional que até então era apenas mais um que ocupava uma cadeira em seu departamento.

OUVIR torna o outro _único_! E não há coisa melhor para um filho, para um funcionário e para toda e qualquer pessoa do que sentir-se único!

Pois hoje te desafio a descobrir algo em seus filhos e em seus liderados que os tornam únicos.

Difícil? Não... Apenas ouça-os, com seus ouvidos e seu coração, com muito amor e dedicação!

Faça-os crescer não a partir do que você tem a dizer, mas sim a partir do eco de suas próprias palavras e ações!

Cada liderado seu é único. Cada filho é único! Feliz do líder que percebe isso. Feliz do pai que faz o filho perceber isso!

Ame-os e deixe-os perceberem que são amados!

ESCUTAR É UMA FORMA DE AMAR!

QUALITYMARK EDITORA

Entre em sintonia com o mundo

QUALITYPHONE:

0800-0263311

Ligação gratuita

Qualitymark Editora
Rua Teixeira Júnior, 441 - São Cristóvão
20921-405 - Rio de Janeiro - RJ
Tel.: (21) 3295-9800
Fax: (21) 3295-9824
www.qualitymark.com.br
E-mail: quality@qualitymark.com.br

Dados Técnicos:

• Formato:	14 x 21 cm
• Mancha:	11 x 18 cm
• Fonte:	Georgia
• Corpo:	11
• Entrelinha:	13
• Total de Páginas:	128
• 1ª Edição:	2015